# EIS-ME AQUI

Célia Santos

EDITORA
MERITORIUM

# EIS-ME AQUI!

Autora | **Célia Santos**

Revisão Editorial | **Lilian Rocha**

Capa | **Davi Mendonça**

Ficha catalográfica elaborada pela bibliotecária
Tatiana Santana Matias CRB 8/8303

S234e      Santos, Célia.

Eis-me aqui / Célia Santos. – Belo Horizonte: Editora Meritorium, 2019.

208 p.: il. ; 21 cm.

ISBN: 978-85-61632-42-7

1.Missões. 2. Biografia. 3. Cristianismo. I. Título. II. Editora Meritorium.

CDD – 266

*Este livro é dedicado a todos aqueles que, ao longo dos anos, têm sido nossos amigos nas Missões, suportando e conquistando cada desafio; a todos os nossos filhos espirituais e a todos aqueles que têm um chamado missionário e dedicam a sua vida a pregar a boa nova.*
*Não desanimemos, pois haverá uma recompensa pelo nosso trabalho!*

# Agradecimentos

Ao meu Deus, principal personagem deste livro, sem O qual nada do que aconteceu teria acontecido e nada do que é hoje, teria sido;

Ao meu esposo Roberto, homem de Deus, fiel companheiro de vida, sempre presente em todos os meus momentos;

Aos meus filhos, Thaís e Lucas, que desde o seu nascimento têm nos acompanhado em todas as jornadas missionárias na África;

E a todos os nossos mantenedores e intercessores que, ao longo dos anos, têm sido nossos companheiros fiéis no sustento espiritual e financeiro.

Que Deus os abençoe!

# Sumário

# Prefácio

Nos anos setenta e oitenta, Deus olhou para o corpo de Cristo no Brasil e colocou a mão em jovens por todo o território nacional e de todas as classes sociais, chamando-os para pregar o evangelho do reino de Deus entre as nações.

Muitos disseram 'sim' e não mediram sacrifício para atender a este chamado. Nem suas vidas contaram como indispensáveis e não hesitaram em enfrentar não somente dificuldades, mas também a ameaça de morte. Recusaram-se a recuar.

Célia e o Roberto estão entre estes heróis da fé. Foram para um país em guerra, cheio de perigos. Sofreram muitas circunstâncias adversas e chegaram a cerca da morte vez após vez, mas não desistiram.

Admiro muito esta geração de brasileiros apaixonados por Jesus, a ponto de pagar qualquer preço para obedecer a Ele.

Nos dias de hoje, Deus está levantando uma outra geração. Esta também vai encarar quaisquer circunstâncias para levar o Reino para o mundo.

Este livro serve de inspiração para esta nova geração, tanto para os que irão, quanto para os que irão sustentá-los.

Desta vez, a mobilização será muito maior, mas o fervor e a dedicação serão os mesmos.

Leia este livro e se inscreva nesta nação santa, dedicando-se a amar o Senhor e a obedecer-lhe, custe o que custar. Como fizeram o Roberto e a Célia.

Jim Stier

(Fundador da JOCUM – Jovens Com Uma Missão)

# Introdução

Por muitos anos, eu senti desejo de escrever um relato sobre o chamado de Deus e a minha conversão, mas confesso que sou um pouco tímida, quando o assunto é me expor e, por isso, fui adiando este desejo. Entretanto, sinto que chegou o momento de fazê-lo!

A ideia principal que quero transmitir nesta obra é o amor de Deus pelas nações e por todas as almas, tanto a minha própria quanto a dos que estão perdidos, sofrendo, sem saberem da existência de um Deus tão Soberano! E para encontrar esses perdidos, nós nem precisamos ir longe, pois muitas vezes, eles estão dentro da nossa própria casa, na escola, no local de trabalho, na nossa vizinhança e por aí afora, mas na maioria das vezes nós os ignoramos!

Sentimo-nos tão orgulhosos de sermos chamados Filhos e Filhas de Deus, que nos esquecemos de que o Coração Paterno de Deus, ainda hoje, agoniza ao ver tantos filhos seus se perdendo!

Esta obra fala de amor, amor a Deus e amor por um povo que nem imaginávamos existir, e de um momento para o outro, tornou-se o nosso povo! Suas dores e sofrimentos tornaram-se parte do nosso dia a dia e, por isso, sentimos a necessidade de percorrer várias igrejas do Brasil, Estados Unidos e Europa, no intuito de mostrar, fora da África, os nossos desafios, e trazer, cada vez mais irmãos para servirem ao povo africano, com ofertas e orações!

Muitos pensam que, por já estarmos aqui há quase 30 anos e por já termos feito tudo o que fizemos, não precisamos mais de ajuda, quando a verdade é bem diferente. Agora nós precisamos de muito mais, pois temos muitos mais sob nossa responsabilidade!

Hoje, temos alcançado várias vilas e aldeias dos países de Moçambique e Malawi, pregando o Evangelho, construindo igrejas, abrindo poços artesianos para que a água potável chegue a muitas comunidades distantes.

Viajamos por vários quilômetros para assistir as igrejas, dar treinamento aos nossos líderes e para abrir escolas, no intuito de alfabetizar e alimentar crianças que ficam sozinhas, sem fazerem nenhuma refeição por todo o dia, até que suas mães regressem das *machambas* (roças) já bem tarde!

Cuidamos, também, de mulheres esqueléticas, vítimas de AIDS, que já estão à beira da morte em seus leitos, além de muitas outras atividades! Corta-nos o coração saber que há comunidades inteiras envolvidas com cultos a demônios, e nós, sendo a Luz de Cristo, precisamos fazer esta Luz chegar até eles. E quando chegamos, é visível a transformação naquela comunidade! Deus é tremendo ao executar justiça e juízo e manifestar Sua graça ainda hoje!

Quando você, leitor, adquirir esta obra, saiba que você estará lendo meu coração, minha vida! Não há nada aqui inventado ou copiado, estas páginas sou eu mesma, uma missionária simples, mas brava, quando se trata de lutar pelos outros; temente a Deus, apaixonada por Jesus e por sua família, como também pelos povos que Deus me deu para servir!

Eu sou fragilidade e força, temor e coragem, risos e prantos, sou guerreira, mas também sou totalmente dependente da graça de Deus!

Meu grande exemplo a ser seguido é Jesus! Apaixono-me por Ele a cada dia, seja por seu carinho, tocando o leproso para limpá-lo, por seu esforço de atravessar o mar, até chegar ao gadareno e livrá-lo da legião de demônios que o dominavam, ou pelo cuidado de encontrar a viúva de Naim no lugar certo, para lhe devolver o único filho que estava sendo levado à sepultura!

Meu Cristo é a própria vida em movimento, através de mim e de você, e não consigo imaginá-lO feliz, quando eu, de forma egoísta, só busco meu próprio conforto e bem-estar e me esqueço dos que estão sofrendo!

As missões, para mim, significam isto: dar um pouco do que temos para quem não tem nada. Podemos dar um pouco do nosso tempo, quando oramos; um pouco do nosso dinheiro, quando contribuímos de alguma forma; ou quando damos a nossa própria vida, indo até onde eles se encontram.

Sinto um carinho especial por todas as igrejas e por todos os pastores e irmãos amigos que, junto conosco, abraçaram a África e se tornaram mantenedores e provedores desta sublime missão!

Meu desejo é que você, caro leitor, ao ler estas páginas, sinta o coração de Deus e entenda o propósito de vida que Ele tem para você, pois como o apóstolo Paulo tão bem escreveu:

*"Porque, para mim, o viver é Cristo, e o morrer é lucro"* (Fp. 1:21);

*"Porque não me envergonho do Evangelho de Cristo, pois é o poder de Deus para a salvação de todo aquele que nEle crê; primeiro do judeu, assim como do grego."* (Rm. 1:16)

A autora

## Capítulo 1

## A Liberação do Poder de Deus

*"O meu povo se fartará do meu bem,*
*diz o Senhor." (Jeremias, 31:14)*

Existe uma grandeza nas promessas de Deus, que nos torna capazes de fazer coisas além das nossas limitações, não por sermos superdotados de fé, mas sim, porque Ele nos capacita para que façamos a vontade Dele, que é boa, perfeita e agradável.

Deus nunca nos dará uma tarefa para que a desenvolvamos, sem antes nos capacitar para tal e, muitas das vezes, esta capacitação vem de forma dura, a ponto de nos fazer perder o foco e desistir, mas é na nossa perseverança, que vemos o agir de Deus, ou seja, na realidade, somos nós quem limitamos ou liberamos o poder de Deus em nossas vidas e através delas.

Não há uma justificativa maior para a continuação da Igreja na terra, senão para que ela O represente, torne-O conhecido, leve-O até onde muitos ainda perecem, sem conhecerem tão grande salvação! Jesus foi para o Pai, mas deixou a semente do Evangelho plantada nos corações dos discípulos e eles continuaram a semeá-la, para que ela pudesse chegar até nós. Por isso, devemos continuar semeando, até o momento da grande colheita final, quando, então, todos receberemos o nosso galardão.

Há 30 anos, iniciei esta minha trajetória e confesso que foi de forma bem dolorosa. Mas hoje, olhando para trás, vejo que, para meu crescimento espiritual, foi importante que tivesse sido assim.

Lembro-me de como eu tinha convicção do chamado de Deus para minha vida e o quanto eu ansiava realizá-lo. Mas lembro-me também do quanto foi difícil para meus pastores entenderem isso e abrirem mão dos planos que eles tinham para mim e me deixarem sair para as Missões.

> *Andar por fé não é, apenas, uma confissão de boca; ao contrário, é uma atitude contínua do coração.*

Às vezes, a força de um chamado pode ser facilmente destruída dentro de nós, pois ninguém entende nosso comprometimento para com Deus, a não ser nós mesmos. Muitos até zombam, quando compartilhamos nossos sonhos, como se estivéssemos fazendo gracinhas, mas lá dentro de nós, sabemos a força que o chamado de Deus tem em nossas vidas, e é esta força que nos move e nos faz vencer!

Eu nasci numa família bem pobre. Sou a sexta de oito filhos e sempre fui uma pessoa muito faladeira, imaginativa, curiosa e apaixonada por minha mãe, uma mulher pequena, magra e tão trabalheira, que lavava e passava roupas para mais de 15 casas, quando ainda morávamos na cidade de Mantena, em Minas Gerais.

Nessa época, eu tinha apenas 7 anos e era bem pequenina, mas já queria ajudá-la, carregando os cabides de roupas com meus bracinhos magros e esticados, para evitar que elas se sujassem!

Aos 8 anos, nos mudamos para o bairro Laguna, em Belo Horizonte, e minha mãe, para não nos ver com fome, catava papéis pelas ruas de Belo Horizonte e vendia, para nos sustentar! Meu pai havia sofrido um acidente de trabalho dois anos antes, quando estava cortando lenha para uma companhia e uma das toras de madeira rolou barranco abaixo, atingindo-o na coluna, ficando assim, nesse sofrimento, pelo resto de sua vida. Como o dinheiro que recebia da aposentadoria não era suficiente para tantas coisas, minha mãe tinha que fazer a parte dela!

Com isso, outros problemas foram surgindo em minha vida! Éramos 4 filhos em casa, pois os mais velhos já trabalhavam e não viviam mais conosco, só vinham aos domingos. Assim, meu pai começou a abusar de mim, com atitudes que eu sentia que não eram boas, e eu, tão menina ainda, fui tendo que aprender a evitar aquele homem, me esquivar de seus toques e até me esconder!

Lembro-me de que, muitas vezes, depois da escola, eu procurava alguma moita no meio do mato, limpava, e me deixava ficar ali, até o horário de minha mãe chegar do trabalho! Algumas vezes, ele mandava um de meus irmãos me procurar, e quando ele me achava, me arrastava até meu pai, que me surrava violentamente, deixando marcas no meu corpinho magro e frágil, chegando ao ponto de minha mãe ter que me dar banho com água de sal para melhorar, quando chegava do trabalho. E para se justificar com ela, ele inventava mentiras sobre meu comportamento.

Mas a ferida maior estava sendo aberta na minha alma! Aos poucos, fui criando raiva e revolta dentro de mim, e mesmo com tão pouca idade, já imaginava se não haveria um lugar melhor para se viver do que ali! E assim fui crescendo, admirando cada dia mais minha mãe e odiando cada vez mais meu pai, que continuou me surrando e abusando de mim até os meus 10 anos de idade.

Foi quando algo iluminou minha mente para tudo o que estava acontecendo e nunca mais eu permiti que ele chegasse perto de mim, mas aí a coisa apertou para o meu lado, pois ele começou a me espancar com muito mais violência, até me deixar desacordada!

Eu não via razão para tratamento como aquele, pois eu limpava a casa, cozinhava, lavava as roupas de todos, com apenas 10 anos! Por que aquele homem me odiava tanto? O que eu havia feito de tão ruim para ele? Parecia que o diabo queria me destruir, antes mesmo de eu me tornar adulta! Mas hoje, vejo que Deus me seguia de perto e ia me cercando de cuidados!

Aos 12 anos, meu pai me machucou tanto que acabei saindo de casa e fui morar com meus padrinhos. Depois, morei com minhas irmãs casadas até os 16 e só retornei para a casa de meus pais com esta idade. Mas agora eu já não era mais aquela criança indefesa a quem meu pai tanto maltratara, já era uma moça que sabia se proteger.

Decidi, então, voltar a estudar, pois havia desistido aos 12 anos de ir à escola. Tive que aprender, também, a lidar com uma vergonha que estava plantada dentro de mim e com aquele pensamento negativo que me atormentava: se nem meu pai me amou e cuidou de mim, por que os outros deveriam fazê-lo?

Isso foi me tornando bem fechada, amarga e, muitas vezes, também cruel, até o momento que o amor me encontrou! Mas seria possível um coração tão jovem conseguir conter, ainda, tantas amarguras, dores e vergonha? E seria possível alguém mudar aquele coração tão carente de amor? E se houvesse, com certeza teria que ser um amor muito grande, pois até os meus 23 anos, ninguém ainda havia conseguido ganhar meu coração!

Para mim, casamento era algo que não significava nada e paternidade, apenas sinônimo de abuso. Eu pouco me apegava a alguém e, assim, ia seguindo a vida, sem alegria, sem paz, sem perspectivas nem confiança em mim mesma!

## Capítulo 2

## A Conversão

*"És um vaso precioso para mim e eu te escolhi para uma grande obra."*

Eu me converti no mês de abril de 1987, graças ao convite de minha amiga, Cida Porto.

Nós passamos a ser amigas, quando minha mãe se mudou para o bairro de Areias, em Ribeirão das Neves-MG (antes vivíamos no bairro Glória, em BH). Como eu tinha tido muitos problemas na minha infância e adolescência e como se já não bastassem todas as minhas dores pessoais, ainda havia a dificuldade de me manter numa só escola, visto que meu pai se mudava a cada 4 ou 6 meses, o que me obrigava a me transferir, também, de uma escola para outra.

Mesmo sendo uma menina inteligente e aplicada nos estudos, foi difícil continuar estudando e, por isso, aos 12 anos, deixei de ir à escola. Retornei aos 17, na sétima série, mas só estudei até o segundo ano do segundo grau.

Foi exatamente neste período, que conheci a Cida Porto. Estudávamos na mesma sala e ela, apesar de ter apenas 14 anos, era uma moça alta que já namorava e dirigia seu fusquinha, enquanto eu era só uma jovem recém-chegada na cidade e naquela escola.

Logo fizemos amizade, uma amizade tão sólida que durou até mesmo depois que eu saí para as Missões, em 1989!

Eu ia sempre a sua casa conversar e, às vezes, também dormia por lá, mas ela nunca me criticava, nem tampouco vivia falando de Jesus.

Até que, no dia 5 de abril, ela me convidou para ir fazer uma visita na sua igreja. Confesso que eu não gostava de igrejas, achava os crentes metidos e, a princípio, não senti nenhuma vontade de ir. Mas logo depois, pensei no amor dela para comigo, na sua amizade e paciência e, movida por um sentimento de educação e gratidão, respondi que iria à igreja com ela. E fui!

E bendita foi aquela minha decisão de ter ido, naquele domingo de abril de 1987, à Igreja "Casa de Oração para todas as Nações", pois foi lá que conheci o Pr. Marcos, um pastor jovem, muito bem formado e cheio do espírito de Deus. Foi este homem, com sua oratória, conhecimento e unção, que Deus usaria para captar a atenção daquela jovem crítica, rebelde e perdida!

A Igreja estava bem cheia quando chegamos e minha amiga e eu nos sentamos no último banco, bem atrás. Estava um barulho tremendo com o louvor, os gritos de glória e aleluia e confesso que até me assustei com todo aquele movimento. Era uma igreja bem pentecostal, batista renovada, e eu, uma leiga, assistindo a tudo e sem entender quase nada!

Quando chegou o momento da pregação, a voz do Pr. Marcos já havia prendido a minha atenção. Ele dizia coisas com tanta eloquência, que fui ficando cada vez mais atenta. De repente, ele deixou de falar no português conhecido e começou a falar numa língua que eu não entendia. Nesse momento, a igreja foi ao delírio, com gritos de glória e aleluia, enquanto outras pessoas continuavam falando um tanto de sons desconhecidos para mim.

Subitamente, o pastor Marcos parou de falar em mistérios e disse:

*"Eu trouxe você aqui hoje, porque eu tenho um plano especial para sua vida! Até aqui você viveu como quis, fez o que quis, mas, a partir de hoje, eu dirijo a sua vida! És um vaso precioso para mim e eu te escolhi e separei para uma grande obra!"*

Não sei explicar para vocês o que eu senti. Havia uma mistura de ceticismo, descaso e confusão, mas aquele calor no peito, aquela fraqueza de um momento para outro, o que seria aquilo?

Pensei comigo mesma: "O que está acontecendo aqui? Este pastor está falando com quem? Porque eu acho que é comigo. Mas como, se ele não me conhece, se eu não sou cristã...?

Novamente aquele pastor voltou a falar em mistérios e disse:

*"Eu lhe mostrarei em sonhos que é com você mesma que eu falo..."*

"Ah, agora pronto, se foi comigo, então eu vou sonhar! Mas que petulância a minha! Se eu nem conheço nada deste Deus que estão falando aí, como Ele se dirigiria a mim em sonhos?", pensava eu.

Curiosa, fiquei aguardando o restante do culto. O pastor terminou a pregação e fez o apelo.

Mas eu, tímida e cética, continuava perdida em meus pensamentos: "Eu é que não vou lá na frente, para todo mundo ficar me olhando! Vou nada! Nem sei o que está acontecendo aqui! Meu Deus, que Deus é este que nos conhece tão bem, mesmo quando estamos totalmente afastados de seus caminhos?"

Enquanto isso, aquele pastor tão cheio de Deus, continuava:

- Irmãos, Deus está me dizendo que tem alguém aqui que Ele trouxe esta noite, para ter um encontro com Ele, mas esta pessoa disse, em seu pensamento, que não virá aqui à frente. Então, você que sabe que é com você que Deus tem falado, não se preocupe, não precisa vir até aqui!

Eu peço a todos da igreja que se levantem, fechem seus olhos e permaneçam em oração; e quanto a você, coloque sua mão sobre seu coração e diga, simplesmente: *"Sim, Jesus, eu te recebo como meu Salvador"*.

Não precisa falar em voz alta, só diga para o seu coração: *"Meu Senhor, eu realmente fui atraída para Ti com cordas de amor!"*

Mas que amor era aquele que estava me tomando, me envolvendo, me protegendo?

Que planos seriam aqueles que Ele disse que tinha para mim, esta jovem tão sofrida, confusa, problemática, cheia de ódio e revoltada com a vida?

Que amor era aquele que me abraçava de forma tão especial?

Olhei em volta, ainda confusa, vi que todos estavam de olhos fechados, em oração, e, timidamente, coloquei minha mão sobre o meu coração e disse "sim" para aquele Deus que, até então, eu ignorara por completo, mas que, certamente, nunca havia tirado Seus Olhos de mim!

Quando o culto terminou, nós fomos para casa, mas aquela estranha sensação de que eu não era mais a mesma continuava presente.

Ao me deitar, naquela noite, perguntei ao meu coração: "Quem é o Senhor que falou comigo hoje?"

## Capítulo 3

## O sonho

*"Marque este dia, pois daqui pra frente,*
*você não será mais a mesma pessoa."*

Da quarta para quinta-feira, eu tive um sonho, mas não conseguia me lembrar direito sobre o que era. Sabia, apenas, que era algo importante.

Foi quando minha irmã colocou um disco vinil para tocar, do grupo Logos, e enquanto eu ouvia uma canção, o Espírito Santo começou a trazer o sonho ao meu coração!

Eu estava observando uma cidade móvel e notei que lá havia de tudo: bares, boates, clubes, parques de diversão, supermercados, farmácias, muitas lojas, mas não havia uma igreja sequer.

Então, do nada, vi uma moça loira, alta e linda, em pé do lado de dentro do muro, e lhe perguntei se não havia igreja naquela cidade. Ela respondeu que não, que todos ali só queriam trabalhar e se divertir! Achei estranho e perguntei a ela se poderia me levar até a autoridade máxima da cidade e ela, prontamente, me conduziu até o gabinete do prefeito daquele lugar!

Apresentei-me a ele e falei da minha estranheza por não ter visto nenhuma igreja ali, uma cidade com tanta gente e sem nenhum local para orar, estudar a Palavra de Deus e adorar ao Senhor.

Ele riu de mim e disse que ali ninguém estava interessado em igreja não, pois eles já tinham tudo de que precisavam e eram felizes!

Olhei para aquele senhor, distinto e educado, e respondi:

- Felizes eles não devem ser não, pois a verdadeira alegria só Jesus pode dar!

- Então eu vou lhe deixar abrir uma igreja aqui. – disse ele - Vou até lhe dar o local, mas quero ver se você vai conseguir que as pessoas frequentem!

- Ótimo, eu farei minha parte e Deus fará a Dele!

Intrigada com aquele sonho, decidi procurar o Pr. Marcos em seu gabinete e lhe contar minhas últimas experiências! Depois de me ouvir com atenção, aquele pastor tão sábio e simpático, disse:

- Minha jovem, diante de tudo o que ouvi de você e sabendo o que Deus fez no domingo, só posso lhe dizer que você tem um grande chamado de Deus para sua vida. Você será uma missionária, que vai implantar igrejas em vários lugares. A cidade móvel que você viu no seu sonho significa que você não ficará em um só lugar. Você terá um ministério de implantação de igrejas que a levará de uma cidade para outra.

"Mas como ser missionária, o que eu teria que fazer e como fazer?" – pensei.

Mas Deus já tinha tudo muito bem planejado para mim. Basta dizer que, depois daquele domingo, daquele sonho e daquela conversa com o pastor, eu não fui mais à igreja.

Mas no domingo seguinte, fui à casa de Célia, outra amiga minha, e contei a ela por alto o que me havia acontecido.

- Pronto, lá vem você com esse fanatismo também! – exclamou ela.

Fiquei calada, pois tudo ainda era muito novo para mim. Nessa época, aos 23 anos, eu ainda fumava, comecei aos 15. Mas o cigarro começou a ter um sabor estranho para mim, desde aquele domingo e eu não sabia a razão!

Na terça-feira, retornei para a casa de minha mãe e, ao descer do ônibus, passei pela porteira de uma fazenda, onde havia uma estrada que dava até minha casa. Era um caminho mais curto e, por isso, eu gostava de ir por ali.

Enquanto andava, tive a conversa mais estranha do mundo! Comecei a falar em voz alta, como se alguém estivesse ali comigo (mais tarde, descobri, sim, que Ele estava ali) e disse assim:

"Olha, Deus, esse negócio de ser crente não é para mim não! Eu fumo, e se depender de mim, não vou parar. Eu gosto de namorar e de tomar uma cervejinha com os amigos e também não vou parar por esforço meu. Por isso, vamos acertar uma coisa: se o Senhor é mesmo esse Deus que os cristãos pregam, que vê tudo, que está em todo lugar e tem todo o poder, eu lhe dou carta branca para tomar a minha vida e fazer dela o que o Senhor quiser.

Mas tem que partir do Senhor, porque se tiver que ser de mim, eu não farei nada! Quero ver se o Senhor existe mesmo e se está me ouvindo!"

Oh, jovenzinha estúpida e atrevida que eu era! E que Deus misericordioso era aquele!

Na verdade, eu queria uma prova mais concreta da existência de Deus, para que eu pudesse entender o que Ele havia reservado para mim!

Naquela mesma noite, minha irmã Lena me chamou para ir ao culto de oração e eu, prontamente, disse sim. E foi ali, naquela noite, que Deus fez uma transformação gigantesca em minha vida! O culto foi normal, com louvores e mensagens, como sempre acontecia durante as pregações de Pr. Marcos.

No final, eu me levantei para sair, mas ouvi uma voz me dizendo: *"Vá lá na frente e peça ao pastor que ore por você!"* Eu obedeci, de pronto, e enquanto o pastor orava com suas mãos sobre a minha cabeça, eu senti um fogo queimando meu corpo, de baixo para cima. Mas era um calor que não causava dor nem pânico, só alívio. E ele repetia em oração tudo o que eu havia dito para Deus, como se tivesse ouvido minhas palavras naquele caminho até minha casa!

Quando terminou de orar, ele disse:

- Deus fez uma grande transformação em sua vida hoje. Marque este dia, pois daqui para frente, você não será mais a mesma pessoa.

E realmente eu não fui mesmo! Nunca mais fumei, não saí mais de casa, somente para os cultos e trabalhos da Igreja, e passei a ler a Bíblia sem cessar, orar durante as madrugadas e jejuar muito.

E a cada dia que Deus me fazia mais próxima dEle, mais eu crescia em conhecimento e sabedoria!

Em julho, me batizei nas águas e, em setembro, fui batizada pelo Espírito Santo!

Que experiência maravilhosa foi aquela! Eu não conseguia parar de falar em mistérios!

Fui para casa assim, me deitei, dormi e por várias vezes acordei falando línguas diferentes da minha! Era aquela presença maravilhosa do Espírito Santo que me trazia tanta paz!

Eu agora sabia quem eu era e a quem eu pertencia.

# Capítulo 4

## "EU SOU..."

*"O que você está fazendo aqui? Aqui não é o seu lugar!"*

Aos poucos, fui entendendo mais sobre chamado e missões, até que, um dia, Deus trouxe a missionária Lúcia Maia até a minha igreja e, através dela, conheci a JOCUM - Jovens Com Uma Missão. Em julho de 1989, saí para a base de JOCUM, em Contagem, para fazer a ETED, pensando que seria apenas a ETED. Mas, durante a escola, vendo aquele intenso movimento de equipes saindo para vários países da Europa, China e África, Deus começou a despertar em mim um desejo de ir para o continente africano, em especial, Moçambique.

Em dezembro de 1989, depois de concluir meu primeiro período na Missão JOCUM, eu entrei de férias e retornei para minha casa em Areias, Ribeirão das Neves.

Minha intenção era retornar para a base em janeiro e começar a escola do PROTEC - Projeto de Treinamento e Desenvolvimento Comunitário, a fim de me preparar para cumprir minha missão em Moçambique, na África.

Era nessa escola que os alunos se capacitavam para desenvolverem projetos em comunidades pobres, tais como, alfabetização, saúde primária, hortas comunitárias, implantação de igrejas e discipulado. Eu me empolgava só de pensar nisso!

Por conta de minha vida de jejum e oração e de uma constante leitura da Palavra, eu desenvolvi um relacionamento muito pessoal com Deus e entendia, com muita clareza, quais os projetos que ele tinha para minha vida.

Era algo muito pessoal, entre mim e Ele, sem nenhuma intervenção profética, apesar de eu não ter nada contra as profecias. Afinal, Deus trata com cada um de nós à Sua maneira, é Ele quem escolhe.

O que quero dizer é que nem precisamos andar atrás de profecias, quando o próprio Deus quer falar conosco e nos fazer conhecer os pensamentos que Ele tem para nós. Eu tinha um relacionamento fácil com Deus e compreendia imediatamente o que Ele queria me dizer.

Mas se parecia que seria fácil retornar para a base, após o meu período de férias, não foi! Apenas dois meses depois de minha conversão, o pastor Marcos se mudou para outra igreja, e um novo pastor assumiu o ministério! Esses novos líderes insistiam em dizer que Deus não tinha propósitos para mim em Missões e eu não podia ser rebelde, saindo de lá sem a bênção deles.

Por causa disso, passei os meses de janeiro, fevereiro e março em jejum e oração, pedindo a Deus que Ele os tocasse e fizesse entender o chamado que eu deveria cumprir. Mas as coisas se tornavam mais complicadas a cada dia! E por mais que eu tentasse me envolver nos trabalhos da Igreja, havia algo dentro de mim que não se completava nem se realizava. Era como se eu estivesse fora do meu espaço, do meu lugar.

E quanto mais as orações e choros diante de Deus continuavam, mais irredutíveis os meus líderes se tornavam!

Um dia, meu pastor me chamou no seu gabinete e me disse que havia tido uma visão comigo. Disse que me vira com um vestido velho e rasgado e eu estava triste. Ele, então, entendeu que Deus estava mostrando a ele como estava a minha alma, por não me deixarem voltar para a JOCUM!

Ao ouvir aquilo, dei um glória de alegria e disse a ele que estava em jejum e oração, para que Deus lhe mostrasse como eu estava.

- Então, eu vou lhe abençoar, para que você volte para a JOCUM. – disse ele.

Mas parece que nada vem fácil para mim! De repente, a esposa do pastor entrou no gabinete e perguntou sobre o que estávamos conversando. Quando ele lhe disse, ela virou-se para mim e falou:

- Você pode até ir para a JOCUM, mas eu juro pela Trindade, que Deus não tem propósito nenhum com você em Missões!

A partir daí, meu pastor voltou à estaca zero! Eu deveria ter regressado a JOCUM em janeiro, mas já estávamos no fim de fevereiro e ninguém me deixava voltar. Que dificuldade era aquela? Afinal, eu era uma nova convertida, que vivia jejuando, lendo a Bíblia, orando e trabalhando na minha igreja.

Eu sabia dos planos de Deus para minha vida e queria cumpri-los! Eu não estava indo "pro mundo"! Por que razão, então, me tratavam daquela maneira?

Num domingo de março de 1990, eu estava no culto e a igreja numa unção gloriosa, quando ouvi claramente o Espírito Santo me dizer:

*"O que você está fazendo aqui? Aqui não é o seu lugar!"*

Lembro-me de que aquelas palavras entraram como uma lâmina, cortando minha alma! Saí dali aos prantos e, em casa, entre lágrimas, pedi a Deus que tivesse misericórdia de mim e me dissesse o que eu deveria fazer. Caso contrário, eu morreria na minha vida espiritual.

Quando abri a Bíblia, me deparei com este versículo: "Mais importa obedecer a Deus do que aos homens." (Atos 5:29). E mais uma vez, ouvi aquela voz me perguntando:

*"Quem está te mandando sair?"*

Com isso, entendi que era da vontade de Deus que eu seguisse o chamado dEle.

Esperei o final do culto e, depois, fui falar com meus pastores na casa pastoral. Comuniquei-lhes que na manhã seguinte, eu estaria retornando para a Base, onde iria me preparar para melhor cumprir o chamado de Deus.

Claro que eles não tentaram me impedir. Minha pastora disse, apenas, que eu já havia colocado aquilo na cabeça e não iria mudar. E reforçou o que havia dito da outra vez: que jurava que Deus não tinha nenhum chamado pra Missões em minha vida!

Ou seja, ao que tudo indicava, eu era uma idiota metida à besta, que achava que Deus falava comigo e tudo não passava de um engano ou erro!

Mas lá dentro, aquela voz me dizia:

*"Não ceda, não dê ouvidos. Eu é que sei os pensamentos que tenho a seu respeito!"*

E assim, me mantive firme diante de mais aquela prova! Não cedi e fiquei ali, olhando para eles, até que eles me disseram que eu poderia ir, mas que não contasse com eles nem para uma agulha que fosse!

Foi muito estranho! Parecia que eu estava saindo para pecar, para fazer algo ilícito quando, na verdade, eu estava indo servir a Deus em Missões, estava indo para onde Ele me dirigisse!

Eu não conseguia entender a razão de tanta oposição por parte de um homem e de uma mulher que conheciam a Deus e sabiam de minha história, que eu O havia encontrado, através de profecias e revelações. Sabiam que eu tinha convicção de que era para servir em tempo integral na obra.

Mas parece que eles me queriam ali, junto a eles, enquanto Deus me queria na África!

Assim foi. Despedi-me deles, sabendo que não teria nem a ajuda nem a bênção deles! Até mesmo a Bíblia que eu usava, que pertencia ao meu pastor, uma dentre tantas que ele tinha, ele me pediu de volta! Me senti devastada, com a alma doendo e o coração abandonado.

Justamente aqueles que deveriam me apoiar, encorajar e cuidar eram os que estavam tornando tudo mais difícil!

Na manhã seguinte, fui para o ponto de ônibus com aquele mesmo sentimento de abandono e de insignificância, pensando comigo: "Oh, Deus, estou saindo para Missões e nem Bíblia eu tenho! Estou sem a bênção dos meus pastores, sem suporte financeiro e sem a Bíblia! Que espécie de missionária eu sou?"

De repente, um irmão veio ao meu encontro, com uma Bíblia na mão e disse que, quando estava tomando café, Deus disse a ele que pegasse sua Bíblia e fosse até o ponto de ônibus, me entregasse e dissesse que dali para frente seríamos Ele e Eu!...

Entrei naquele ônibus chorando e olhando, fixamente, para a capa de couro daquela Bíblia, onde estavam esculpidas duas palavras: "EU SOU". Tive ainda mais certeza de que eu estava fazendo a coisa certa e que o "Grande Eu Sou" estava ali comigo.

# Capítulo 5

## Andar por fé

*"Na vossa perseverança, ganhareis a vossa alma."* (Lucas, 21:19)

Foi assim que iniciei, há 30 anos, a minha caminhada de fé e dependência exclusiva de Deus!

Muitas vezes, não entendemos o caminho de Deus nem a maneira como Ele age em determinadas circunstâncias, mas, se prestarmos atenção em como Ele trabalhou na vida dos grandes homens da Bíblia, veremos que Ele sempre conclui uma obra que inicia, com êxito e excelência.

Então é fato que o que Ele tem planejado para nós não será diferente. Precisamos, apenas, ter fé Naquele que nos chama com um propósito! Deus não muda e nem a Sua Palavra. Por isso, não podemos tentar encaixá-lO no modelo mundano atual e de acordo com o que estudamos nas faculdades, porque Ele É Deus e Ele não muda!

Mas por que será que em certos momentos da caminhada parece que tudo está indo pelo avesso, contrário ao que planejamos ou cremos?

Por que em certos dias nos sentimos como se estivéssemos no topo, gozando do melhor desta terra, orgulhosos de nossas conquistas, e em outros, parece que estamos morrendo, de tão cansados e desmotivados?

Em todas as situações, podemos afirmar que tudo depende do tempo que usamos na presença de Deus! Quando nos descuidamos do nosso relacionamento com Ele e não damos a atenção devida à meditação da Palavra, ao jejum e à oração, acabamos perdendo revelações preciosas da parte de Deus que, certamente, nos ajudariam a entender ou nos fortaleceriam para a realização da Sua vontade.

É o tempo que eu dedico a Deus que irá liberar ou limitar o agir dEle em minha vida! E não estou afirmando algo baseado em suposições, e sim, naquilo que tenho vivido desde abril de 1987, quando iniciei minha caminhada com Deus!

Deus é um Deus com propósitos, Ele não faz nada sem que tenha um projeto específico, seja para nos fazer crescer na graça e no conhecimento dEle, seja para nos capacitar, a fim de cumprirmos o Seu chamado, pois é através de nós que o Seu nome é conhecido e glorificado.

Nossa vida tem várias fases. Um dia, caminhamos pelas planícies verdes e abastadas; em outros, somos obrigados a escalar montes. Por isso, precisamos aprender a guardar a fé e o bom humor, tanto para um quanto para o outro cenário, pois ambos fazem parte da caminhada!

Devemos olhar os montes conscientes de que, após subi-los, iremos nos deparar com a linda vista de uma planície, em vez de pensarmos em desistir, achando que será difícil demais a subida! Claro que não é fácil, mas é necessário! Não haverá outra forma de se chegar ao outro lado, senão subindo o monte.

Então, que subamos com ânimo e coragem, pois logo à frente estará nossa bênção e nossa alegria!

Deus não erra conosco, Ele é perfeito em todo o seu caminho, e só precisamos confiar Nele e não desistir! *"Na vossa perseverança, ganhareis a vossa alma."* (Lucas, 21:19)

Desde 1990, tenho caminhado por fé. Primeiro, implantando a primeira igreja no sertão da Paraíba, como resultado da nossa escola. Depois, segui sonhando os sonhos do coração de Deus, rumo ao encontro dos povos e comunidades pobres de Moçambique e Malawi, na África.

Desde então, temos buscado, de maneira incansável, levar até eles a palavra de salvação, bem como alguns projetos sociais que visam beneficiar crianças e jovens, para que eles vejam o amor de Deus em sua totalidade, sem exageros e sem falso paternalismo. Tampouco queremos nos colocar em evidência, mas sim, levar ao conhecimento deles o nome de Cristo e o amor que Ele tem por este povo, bem como o Seu propósito de salvá-los e agregá-los à eterna família de Deus!

Foi lá que aprendemos o que é servir a Cristo de verdade e não aos homens, pois ali nós só temos que viver pela fé a cada dia, pois tudo vem Dele e o que fazemos é para Ele!

*"EU SOU..."* (Êxodo, 3:14).

Por muitos anos, este versículo me acompanhou e ainda me acompanha! Eu O escuto nos meus momentos mais difíceis, quando não vejo saída ou possibilidade de nenhum outro lugar!

Escuto esta voz gritando dentro do meu coração e afirmando: *"Eu Sou contigo, não temas!"*

Andar por fé é uma decisão de andar num mundo que só nós conhecemos, e por mais que tentemos compartilhar nossas experiências, ninguém colocará nelas o peso e o valor que nós colocamos. Porque fomos nós quem as vivemos, fomos nós quem recebemos a revelação clara e motivadora, no momento cruciante da necessidade, da dor, da enfermidade e do abandono. Só nós sabemos o valor da revelação de Deus em cada um desses momentos!

> *O que uma capa de Bíblia tem de tão precioso que enxuga as lágrimas de olhos aflitos e coloca no coração uma esperança tão vívida, tão real, como se o céu baixasse até nós ou nos levasse para ele?*

Naquela manhã de março de 1990, algo mudou minha vida, e me transformou da menina tímida e medrosa, sem entendimento claro da vida, numa mulher forte e determinada, decidida a tudo para ser e fazer o que o GRANDE EU SOU exigiria de mim! Foi com esse sentimento que eu subi no ônibus que me conduziria à Granja Vista Alegre, para a famosa JOCUM - Jovens Com Uma Missão, em Contagem-MG.

Cheguei ali decidida a buscar mais a Deus, a conhecê-lO melhor, a ouvir Sua voz e buscar Nele toda a revelação que eu precisaria, para entender minha chamada, e claro, buscar Nele os recursos para esta minha nova vida! O que eu tinha, era apenas o "Eu Sou"!

Mas se eu tinha o "EU SOU", eu já tinha tudo!

## Capítulo 6

# Tempo de aprendizado na JOCUM

*"Você irá liderar a equipe que vai para*
*o Nordeste!"*

Enfim, cheguei a JOCUM. E como eu estava decidida a fazer a escola do PROTEC, e estava bem atrasada, pelo fato de ter demorado a regressar, orei, pedindo a Deus que conduzisse o meu caminho, pois nem eu sabia, ao certo, o que fazer nem a quem procurar.

**Sede da JOCUM para a Formação de Missionários em Contagem, MG (1989)**

Por graça e cuidado de Deus, foi o então líder do PROTEC, Mark Barnes, quem me recebeu e conversou comigo!

Faltam-me palavras de gratidão a Deus pela vida deste grande líder! Ele foi de grande importância na minha vida, daquele momento em diante, pois era através dele que Deus me mostrava Seus propósitos, e era ele quem Deus usava para me ajudar financeira e espiritualmente.

Relatei a ele tudo o que me acontecera naqueles dois últimos meses: minha luta para fazer com que entendessem e apoiassem o meu chamado para as Missões e a maneira como eu tive que sair da minha igreja. Deixei claro que eu não tinha nada, nenhum apoio financeiro, apenas a certeza de que era aquilo que Deus queria de minha vida.

Mark riu, com aquele jeito que ele tinha de rir da vida, e disse:

- Se você não tiver sido chamada missionária, ninguém mais será. Não se preocupe, que eu vou conversar com o concílio e ver como poderemos ajudá-la! Quanto à escola, eu lhe darei uma bolsa, não precisa pagar!

Que alívio! Rapidinho, eu já estava acomodada e, no dia seguinte, comecei a assistir às aulas, recuperando matérias e trabalhos perdidos. Mas o melhor de tudo, mesmo com a tristeza de não ter tido o apoio de minha igreja, era que eu estava em paz, pois sabia que era ali o meu lugar!

Março e abril passaram rápidos, o momento de sair para o período prático já se aproximava, mas Mark ainda estava escalando as equipes para o Sertão da Paraíba (onde só havia católicos e nenhum evangélico, até então), Amazonas e a Favela em Contagem. Eu iria para onde Deus quisesse, não tinha escolha. Mas, na minha comunhão diária com Deus, enquanto orava debaixo do meu pezinho de árvore, às 5h da manhã, ouvi sua voz me dizer:

*"Você irá liderar a equipe que vai para o Nordeste!*

Chorei de medo e, sentindo o peso da responsabilidade, perguntei a Deus: "Por que eu?" Afinal, eu era a mais nova do grupo, havia me formado recentemente na ETED e nunca havia liderado nenhum trabalho dentro da JOCUM. Como sair liderando uma equipe para um trabalho totalmente novo de implantação de igrejas no Nordeste, sertão da Paraíba?

Sentindo-me, mais uma vez, frágil, chorei e decidi deixar que a vontade de Deus se cumprisse. E esperei para ver o que aconteceria.

Um dia, após a aula, Mark disse que queria falar comigo, e embora eu já soubesse de que se tratava, esperei ele dizer. Ele disse que, após orar, Deus falou ao coração dele que eu iria liderar nossos irmãos na equipe do Nordeste, e ele não via pessoa melhor para isto, pois sabia da minha seriedade em servir a Deus e aos companheiros.

Confesso que aquilo me amedrontou, pois era tudo muito novo, mas lá dentro de mim, a certeza de que Deus estava orquestrando minha vida para que a vontade Dele fosse feita, me fez aceitar.

Decidi que ia dar o melhor de mim para que Curral Velho conhecesse, através daquela equipe, a

Luz e a salvação de Cristo. E foi a partir daí, que começou, de fato, a minha chamada missionária!

Éramos 6 jovens: eu, como líder; Marcos, como colíder, Willie, Jaqueline, Lígia e Roberto (hoje, meu esposo). Esta equipe foi mesmo formada por Deus para uma obra excepcional: implantar uma igreja no sertão da Paraíba, numa cidadezinha chamada Curral Velho, cuja população era toda formada de católicos e seguidores de Padre Cícero e Frei Damião. Eu segui primeiro e tomei a frente de tudo, contactando o prefeito, arrumando uma casa para a equipe e por aí afora!

Meu Deus querido! Quantas vezes eu parava e pensava no quanto havia ainda a cumprir, nos desafios de liderar uma equipe, de iniciar um projeto comunitário, de implantar uma igreja! Tudo era muito novo, eu tinha apenas 3 anos de conversão, e já diante de uma causa tão nobre e grandiosa!

Mas havia graça e bondade de Deus em tudo. Ele me guiava pelo caminho, ia abrindo as portas, me levando até as pessoas certas, e rapidamente, a equipe conseguiu chegar a Curral Velho, para, então, começar a viver uma de suas maiores experiências missionárias!

Logo soubemos que a igreja católica havia se reunido na nossa chegada para dizer aos fiéis que não se convertessem na "Lei dos crentes". Ficamos perplexos, mas o Senhor de Missões já tinha tudo orquestrado para que acontecesse ali um grande avivamento missionário!

## Capítulo 7

## Curral Velho

*"Eis que o semeador saiu a semear."(Mateus, 13:1-9)*

Como iríamos iniciar algo naquela pequena cidade, onde o ódio e a briga entre famílias era tão forte?

Começamos, pouco a pouco, a nos inteirar das brigas. Se um tinha matado alguém, logo vinha a família do morto para vingar aquela morte, matando mais uma pessoa, e assim por diante.

Confesso que ficamos assustados ao nos vermos no meio de um povoado tão violento, mas era justamente ali que tínhamos que implantar o Reino de Deus, revelar seu amor e salvação, cuidar dos órfãos e das viúvas, discipular e estabelecer a igreja do Senhor!

Nossa maior estratégia foi fazer uma horta comunitária, como forma de ajudar a população a adquirir legumes e verduras que ajudassem na sua subsistência e até melhorar as finanças da família.

Foi naquele momento que vimos como o treinamento do PROTEC fora importante, nos ajudando tanto na parte social e educacional, quanto na espiritual. Havia um campo vasto diante de nós, mas precisávamos iniciar, de forma estratégica, a fim de ganharmos o respeito daquela gente primeiro, e só depois, apresentaríamos o Evangelho.

Com isso, cadastramos 16 famílias. O prefeito conseguiu a terra, o equipamento e as sementes, e nós oferecemos o treinamento e o trabalho. Assim, começamos uma nova estratégia de pregar o Evangelho e fazer discípulos, tal como na parábola do Semeador, descrita em Mateus, 13:1-23.

Enquanto nós preparávamos a terra para receber a semente, debaixo daquele sol causticante, o Espírito Santo nos conduzia aos ensinamentos. Assemelhávamos a dureza do coração do homem àqueles torrões que deveríamos quebrar, separar os pedregulhos da terra boa, para depois fazer os canteiros, lançar a semente, regar, transplantar as mudas, adubar e molhar.

A terra, antes tão ruim, seca e imprestável para qualquer semeadura, ia, aos poucos, ficando pronta para receber a preciosa semente, tal como acontecia com o coração daquelas pessoas.

Aos poucos, eles foram entendendo sobre o amor de Deus, a morte expiatória de Cristo, a necessidade de arrependimento, a salvação...e pronto! Em dois meses, já tínhamos os primeiros 11 candidatos para o batismo e cultos na salinha da nossa casa. Ali, passamos a reunir mais de 500 pessoas por semana. Era Deus que estava salvando vidas lindamente!

E eu, simplesmente, ia absorvendo tudo aquilo, amando cada momento e me tornando a missionária que a África receberia no ano seguinte.

E como meu conhecimento de Deus crescia! Não era sacrifício nenhum me levantar todos os dias às 4 da madrugada e ir até o campo de futebol, na saída da cidade, para orar por horas e horas pela nossa equipe e por aquela cidade, para que ela fosse salva e discipulada.

E através de cada um daqueles 6 jovens, apaixonados pela vida e pelo Senhor da vida, Deus ia fazendo coisas lindas...

Posso afirmar, sem medo de errar, que em seis meses de trabalho intenso, conseguimos alcançar toda aquela cidade com a pregação do Evangelho.

Durante todo esse tempo no Nordeste, eu fiquei sem receber nenhuma ajuda financeira de fora.

**Família do Sr. Benedito, a primeira a se converter em Curral Velho-PB (junho/1990)**

Na JOCUM, somos nós mesmos os responsáveis por nosso sustento e ainda temos que contribuir com um valor, para manter a estrutura onde estamos.

No meu caso, eu contribuía com aquilo que a equipe me dava de seus dízimos ou ofertas, ou seja, eu era como um sacerdote comendo da despensa provida por minha querida equipe. Mas não havia necessidade em mim, eu tinha tudo, tinha comunhão com meu Senhor e uma equipe dedicada, servindo junto comigo, que estava ali implantando o amor nos corações. Aquilo era tudo de que eu precisava!

Por outro lado, a frequência na nossa salinha era contínua. Todos os dias, ela se enchia, e os que não conseguiam entrar, ficavam nas janelas e portas para ouvirem os louvores, as mensagens e as sociais que fazíamos.

Com nossos dízimos, ajudávamos crianças desnutridas e famílias carentes com distribuição de leite e cestas básicas. E assim, aquela pequena cidade de Curral Velho foi conhecendo a salvação e vendo brilhar nela a Luz de Cristo!

Mas nem tudo eram flores em Curral Velho, pois as pessoas viviam em constante conflito umas com as outras. Começamos, então, a orar contra aquele espírito maligno de ódio e a interceder e profetizar a libertação das vidas.

Em 5 meses, realizamos nosso primeiro batismo ali. Um dos convertidos foi um senhor alto e calado, conhecido por Chicão, que sempre andava com um revólver na cintura.

Um dia, ele assistiu ao culto e, no momento do apelo, aceitou a Jesus como Salvador. Imediatamente, começou o discipulado para o batismo.

Uma noite, porém, quando ele chegou para o culto, vimos que ele trazia algo em sua cintura e começamos a cochichar: "Ih, parece que Chicão está armado..."

Sentimos uma tristeza enorme ao pensar nessa possibilidade, mas, no momento da palavra, quando o missionário pediu que abríssemos nossas Bíblias, vimos o Chicão "sacar sua arma". Era um exemplar do Novo Testamento que ele havia recebido de nós! Que alegria invadiu nossos corações naquele dia! Que gratidão a Deus!

Mas ainda havia uma grande oposição, por parte dos católicos, ao plano de salvação pregado por nós. Entretanto, apesar de todas as lutas, conseguimos discipular e batizar 11 novos irmãos.

Na semana anterior ao batismo, eu estava orando e Deus me pediu que fizesse um dia de jejum completo e não orasse em voz alta. Eu deveria ficar todo o dia em silêncio, orando em espírito.

Não entendi bem o porquê, mas obedeci! Chamei Marcos, o colíder, e comuniquei-lhe que, no dia seguinte, eu iria estar em jejum total e em silêncio, pois Deus havia revelado que enfrentaríamos uma grande oposição para realizar o batismo. Por isso, direcionada pelo Espírito, estive por todo o dia em jejum e em oração silenciosa.

Na semana seguinte, iria acontecer ali, naquela pequena cidade, quase toda formada de adeptos de Padre Cícero e Frei Damião, o primeiro batismo. A idolatria era tão grande, que nas casas onde chegávamos para evangelizar, geralmente encontrávamos as paredes cobertas por papéis de santos. Tinha até o de um santo sem nome.

Chegado o dia do batismo, recebemos os líderes da JOCUM de Recife para batizar os irmãos.

Lígia, que cozinhava muito bem, fez uma deliciosa lasanha e também um bolo formigueiro, que era o meu favorito.

Na hora do almoço, todos comeram da lasanha, mas eu, não sei por que, preferi comer apenas uma fatia do bolo e deixei a lasanha para depois do batismo. E assim, fomos para a represa batizar!

Após o batismo, nosso líder começou a se sentir mal, sendo seguido, logo depois, dos outros que foram adoecendo também. Com isso, constatamos que o presunto da lasanha estava estragado, não havia outra explicação.

Normalmente, nessas pequenas cidades, o médico vem da cidade grande na segunda-feira e vai embora na sexta. Ali também era assim. A médica do posto de saúde vinha de Campina Grande para medicar durante a semana e ia embora na sexta.

Só que era sábado, estávamos numa cidadezinha distante, e havia 6 pessoas com infecção intestinal, com muita febre, vômito e diarreia! Graças a Deus, eu não havia comido a lasanha!

Orei e perguntei a Deus o que eu deveria fazer e, então, me lembrei do que Ele tinha me dito. Que enfrentaríamos uma grande batalha e, por isso, Ele havia me pedido que eu jejuasse e orasse em silêncio por um dia, pela glória do batismo e pela equipe.

Imediatamente, saí atrás de ajuda no posto médico. Pelo menos, um comprimido que parasse os vômitos e a diarreia eu deveria encontrar! Qual não foi a minha surpresa, quando me disseram que, naquele final de semana, a doutora não havia regressado para Campina Grande, tinha ficado lá. Nem ela mesmo soube explicar por quê!

Senhor, Tu és perfeito em tuas obras, e nós precisamos mesmo Te buscar com mais intensidade, para vivermos uma vida vitoriosa! Obrigada por tão grande cuidado e livramento!

A doutora levou todos os equipamentos, soro e remédios para nossa casa, que ficou parecendo um hospital, com gente por todos os lados, tomando soro.

Houve uma grande comoção na cidade, todos ficaram preocupados com aquele grupo de seis missionários que, com tanto compromisso, zelo e amor, haviam conseguido tocar os corações de quase toda a cidade!

Deus nos permitiu ver o Seu Livramento, assim como fez tantas vezes na Bíblia. Ele não nos livrou do ataque das trevas, mas esteve junto conosco, provendo todas as coisas e nos fazendo vencedores!

Hoje, naquela cidade, existem várias igrejas evangélicas. Com algumas, eu ainda me comunico e eles me deixam saber o quanto Deus tem salvado vidas, não só ali, como também nas cidades vizinhas.

Para nós, aquele tempo jamais será esquecido! Especialmente para mim!

Missões é algo sublime! Como Deus nos capacita para ganharmos almas para Ele, a fim de que outras pessoas venham a conhecer Seu amor e se convertam a Ele!

Quão grandioso é o plano de salvação! Não podemos deixar de fazer Missões, não podemos deixar de enviar e sustentar missionários, para que preguem o Evangelho em lugares remotos! Eu vi o que o Evangelho e o que a obra missionária fez naquela pequena cidadezinha do sertão da Paraíba!

Hoje, a Luz do Evangelho brilha naquela cidade, mas antes de nós chegarmos, só havia um povo cego pela idolatria, perdido no ódio e nas brigas entre famílias.

Nem por um momento, eu me arrependi de ter seguido meu chamado, de ter ouvido a voz do Senhor e de ter ido para as Missões, apesar de não ter dinheiro, nem mesmo para ajudar nos gastos da casa.

Minha igreja não queria saber de mim e, certa vez, ouvi de uma amiga, que alguns irmãos queriam me ajudar financeiramente, mas foi lhes dito do púlpito que quem me ajudasse, iria entrar debaixo da vara de Deus, pois eu estava em desobediência.

Mas desobediência a quem? Eu estava cumprindo o meu chamado, estava fazendo o que Deus me dissera para fazer, estava vivendo uma vida em jejum e oração, lia a Bíblia três vezes por ano, do Gênesis ao Apocalipse, orava todos os dias, das 4 às 7 da manhã. Que ato de rebeldia eu estava praticando?

Tudo isso me fazia sofrer muito, mas ali, naqueles meus momentos a sós com Deus, Ele fazia renascer em mim a fé e a esperança necessárias para forjar, dentro de mim, as marcas de uma grande guerreira que lutaria por toda a sua vida pela causa das Missões, para que cada vez mais povos e comunidades encontrassem a Cristo, na expressão verdadeira do amor e salvação que Ele revelou na Cruz, através de Sua morte e ressurreição!

Eu fora salva com um propósito, o de glorificar a Deus e de servi-lO todos os dias da minha vida. E disso, eu jamais abriria mão, fosse por quem fosse!

Eu aprendi muito com Deus durante meu tempo em Curral Velho. Na verdade, ali foi a minha verdadeira escola e foi ali, também, que Deus realizou os planos Dele para o meu casamento e minha ida para a África.

Por muitas vezes, eu ficava sem entender como uma pessoa, sem nenhum recurso financeiro, se casaria com um homem, também sem recursos, e ambos iriam sair para fazer Missões em outro Continente, num país em guerra. Era tudo muito irreal e inimaginável!

Mas havia um querer de Deus em tudo. E por isso, Ele começou a preparar a mim e a Roberto para cumprir nossa missão...

## Capítulo 8

# Orando por Willie e Jaque

*"Porque eu bem sei os pensamentos que tenho*
*de vós, diz o Senhor." (Jeremias, 29:16)*

Em setembro de 1990, após o meu tempo de oração naquele campo de futebol, sentei-me em uma pedra para meditar e, enquanto via o sol nascer, lindo, ouvi a voz de Deus me dizer:

*"Se prepare, pois você se casará muito em breve!"*

Que susto eu tomei! Ao mesmo tempo, uma estranha raiva surgia dentro de mim, e eu me vi questionando Deus, veementemente: "Casar como, se eu não gosto de ninguém? Eu amo estar contigo e somente contigo! Quero viver para o Senhor, te servir por toda a minha vida, estou feliz assim, não quero ninguém entre nós!"

Eu não via o casamento como a melhor opção de vida de uma pessoa. Aliás, a vida que eu vivera antes de me converter e os exemplos de casamentos que eu tivera, até então, não me davam base para desejar me casar e construir uma família. Por isso, não quis dar atenção ao que Deus me dissera e voltei para casa e para os trabalhos do dia, decidida a esquecer o que tinha ouvido de Deus!

Mas seria mesmo possível desfazer algo que Deus já determinou em nossa vida? Não, não era possível! E Ele deu um jeito de me sacudir mais uma vez para aceitar a vontade Dele. Só que, dessa vez, Ele usou a nossa líder Maristela, da base de Recife, para me dizer, novamente, que já tinha preparado alguém para ser meu esposo. Eu só deveria orar para conseguir entender a vontade de Deus para esta área da minha vida! Mas eu não conseguia orar, mesmo sabendo que Deus tinha algo novo para mim. Como orar por algo que eu não queria?!

> *Um ao outro ajudou, e ao seu companheiro disse: Esforça-te!* (Isaías, 41:6)

Como eu não estava conseguindo orar para saber qual era a vontade de Deus para minha vida emocional, chamei o Willie, um jovem peruano que amava jejuar e orar, como eu, e lhe propus o seguinte: durante 40 dias, nós faríamos jejum e oração em favor da vida um do outro. Ele pediria a Deus que trabalhasse em mim para que eu fizesse a vontade Dele, e eu oraria pelas causas dele.

Eu sabia que Willie amava a Jaqueline, uma jovem gauchinha linda, mas ela não se interessava por ele! Então eu perguntei se ele queria que eu orasse por esta questão e fiquei surpresa com a resposta dele:

- Há três anos que eu a sigo, me declaro, mas ela não quer nem saber de mim. Por isso, já desisti de lutar. Ore somente pela minha vida espiritual, ministerial e financeira!

Concordei com ele e, no dia seguinte, começamos um longo jejum de 40 dias, que ia até as 6 da tarde, cada um intercedendo pelo outro!

Quão forte é a intercessão feita em favor de outra pessoa! Unir a nossa fé em oração por outra vida é muito importante. Durante os 40 dias de oração e jejum, o Espírito Santo me disse para orar por Jaqueline, para que seus olhos se abrissem e ela entendesse os planos de Deus para ela e Willie. Eu orava sem dizer nada a ninguém, apenas a Deus!

Muitas pessoas acreditam que Deus não se importa com nossa vida afetiva, e que temos o direito de escolher com quem queremos nos casar, pois nesta área de nossas vidas Deus se cala!

Eu sou prova viva de que não é bem assim! Ele se importa e muito, pois ninguém conhece uma pessoa melhor do que Deus, e é Ele quem sabe quem será nosso par ideal para toda a vida, evitando, assim, traições e divórcios futuros!

Eu sei que meu casamento foi planejado e trabalhado por Deus, sem nenhuma sombra de dúvida! Existe, sim, a vontade absoluta e a permissiva de Deus. Na absoluta, nós damos a Ele o direito de fazer absolutamente tudo de acordo com Seus planos; e na permissiva, Ele nos deixa escolher e fazer a nossa vontade, mas temos que ser responsáveis por nossas escolhas e pelas consequências que elas nos trarão.

Eu escolhi fazer a vontade absoluta de Deus, desde o momento em que O recebi como Senhor de minha vida, para mim, é bom! Após aqueles 40 dias, eu vi a Jaqueline totalmente apaixonada e envolvida pelo missionário Willie.

Os dois se casaram em janeiro de 1991, e hoje são pastores em Ribeirão Preto e têm dois filhos

# Capítulo 9

## O pedido de casamento

*"Deus une propósitos, e não vidas apenas!" (Mateus, 19:6)*

Roberto era um jovem de poucas falas, mas sempre cavalheiro, dedicado ao trabalho da horta comunitária, ao evangelismo e ao discipulado, e era, também, o único da equipe que tocava violão.

Ele era apaixonado por uma moça da missão, mas um dia, ela ligou para ele e disse que não era mais para orar e nem fazer planos com ela, pois ela não era a mulher que Deus tinha reservado para ele!

Eu o vi ainda mais silencioso naquela semana. Após me chamar para conversar, como líder, me disse o quanto estava sofrendo.

Lembro que orei por ele e disse que, quando voltássemos para a Base em B.H, eles teriam oportunidade de conversar e de se acertar novamente.

Mas nem eu mesma sabia que tudo aquilo já era o agir de Deus. Só mais tarde é que eu iria descobrir que era ele o homem com quem eu iria compartilhar a vida.

Mas até então, ele era apenas um dos jovens que eu liderava e nada mais. Não me sentia atraída por ele nem por nenhum outro rapaz.

Mas nosso Deus prepara bem nossos caminhos e age sempre no tempo exato.

Roberto vinha de uma família de 11 irmãos. Seus pais eram de Sergipe, mas haviam se mudado para Anastácio-MS e trabalhavam na própria fazenda onde moravam. A vida era tranquila, embora o pai bebesse muito. Um dia, o pai foi embora para o nordeste e deixou sua mãe com os filhos para trás.

Roberto, então, teve que se virar muito cedo, engraxando sapatos e vendendo jornais, pois sua mãe era professora e sua renda era pouca. Aos poucos, ele foi se familiarizando com a rua e, em pouco tempo, começou a se envolver com as drogas.

Foi quando uma jovem o viu na rua e parou para falar com ele sobre Jesus, de como este caminho que ele estava seguindo era destrutivo e o quanto Jesus tinha para oferecer-lhe!

Que lindo o poder do Evangelho! Não podemos deixar de pregar o Evangelho de Jesus, pois ele é o poder de Deus para a salvação de todo aquele que crê!

Roberto, então, se deixou conduzir por aquela jovem, Augusta, que o levou até o Pr. Carlos Gentil, da Igreja Peniel. Juntos, eles compraram uma passagem e ajudaram Roberto a chegar ao Ministério Desafio Jovem, em São Carlos-SP, uma instituição presidida pelo Pr. Marçal Mendonça, destinada à recuperação de drogados.

Ali ele foi liberto de todos os vícios que tinha (drogas, tabaco e álcool) e se tornou um cooperador, por quase dois anos.

Em seguida, deu início ao seu ministério de cantar e testemunhar em igrejas o que Deus havia feito em sua vida. Ficou conhecido como o cantor das "drogas matam", pois esta era a canção que o inspirava a falar de si mesmo!

Em janeiro de 1989, Deus o levou para a JOCUM e, com a ajuda da irmã Nicinha Castelo, ele pôde se preparar melhor para o chamado de Deus.

Como Deus é Zeloso com cada um de nós! Eu também vinha de uma infância muito traumática, embora não falasse disso com ninguém, e ali estávamos nós dois, prontos para Deus, para uma grande obra que ainda seria descoberta por nós!

A partir daquela conversa que tivemos, eu e Roberto passamos a andar sempre juntos. Apesar de perceber que algo estava nascendo entre nós, tanto ele quanto eu dizíamos que jamais nos casaríamos com alguém do nosso tipo.

Mas algum tempo depois, em outubro, iniciei um jejum pessoal de 40 dias, pedindo a Deus que esclarecesse minhas dúvidas e me mostrasse a Sua vontade. No último dia, quando entrei no quarto para orar e entregar a minha campanha, tive uma grande experiência com Deus! Ali, de joelhos no meu quarto, senti como se meu espírito estivesse em outro lugar. Entendi logo que era Jesus quem estava ao meu lado, e lhe perguntei: "Senhor, quais os Seus planos para minha vida?"

E Ele me respondeu:

*"Em breve, você se casará com Roberto e, juntos, irão para Moçambique como líderes da equipe. De vocês, surgirá uma Missão na África e, através de vocês, muitos africanos se levantarão para fazer a minha obra e entrarão no céu!"*

Meu Deus! Saí daquela oração tonta, sem saber o que pensar ou dizer. Minha primeira decisão (bem estúpida, por sinal) foi procurar o Roberto que estava sentado no quintal, lendo a Bíblia.

Parei em frente a ele e disse:

- Roberto, Jesus acabou de falar comigo e disse que nós dois iremos nos casar, seremos os líderes da JOCUM em Moçambique, e de lá sairemos em missão para preparar africanos para a obra!

Loucura? Sim, e muita! Mas eu estava tão certa de que tudo o que ouvira iria se cumprir, que não hesitei um minuto!

Roberto olhou para mim, muito sério, e disse:

- Primeiro, não vou me casar com você; segundo, não irei para Moçambique; e terceiro, não sou líder, você que é!

Fiquei envergonhada, confusa, brava e, imediatamente, voltei para o meu quarto, fechei a porta, me ajoelhei e ousei dizer:

"Deus, por acaso eu Te pedi um marido? Eu não Te disse que não queria me casar? Então, se o Roberto é mesmo a pessoa do Senhor para mim e se tens mesmo este plano para nós na África, vou me atrever a Te dizer que tens uma semana para trazer o Roberto até mim, me pedindo em casamento, se for esta a Tua vontade. Mas se não for, depois de uma semana, eu irei solteira para a África!"

Nem preciso dizer que, em menos de uma semana, eu vi o Roberto parado em minha frente, me dizendo que iríamos nos casar e ir para a África servir a Deus!

Eu mesma não sei como explicar a misericórdia e a bondade de Deus! Ele poderia me consumir se quisesse! Quem eu pensava que era para falar com Ele daquela maneira? Mas isto é o que mais me encanta no meu Pai, esta misericórdia que vai além do nosso entendimento e nos cerca com Seu amor!

Deus já tem seus planos estabelecidos para cada um de nós. Tenho tido provas mais do que concretas, nestes 30 anos de missões, que só depende de nós vermos ou não o agir de Deus em nossas vidas. Não existem pessoas mais ou menos dotadas dos dons de Deus; existem, sim, pessoas com mais capacidade de entender quem é Deus e, por isso, ousam mais no seu caminhar com Ele e outras que, simplesmente, não se sentem desafiadas a ousar mais, com o propósito de buscar mais de Deus!

Eu não saberia falar da grandeza de Deus, simplesmente pelo que eu leio na Bíblia, sem ter, eu mesma, experimentado desta grandeza em meu viver!

*"Eu preciso provar e ver que o Senhor é Bom! (Salmos, 34:7)*

Não posso basear minha fé, somente no que ouço ou leio sobre Ele, mas preciso provar de Sua bondade. Como dizer, com convicção, que uma laranja é doce, só por que me disseram isso? Que provas darei eu que algo é bom, sem ter eu mesma provado? Com Deus, não é diferente!

Jó era um homem íntegro, a ponto de o próprio Deus dar testemunho de sua integridade para o seu adversário. Mas Jó confessou, com seus próprios lábios, que só conhecia Deus de ouvir falar, mas agora, os seus olhos O viam. (Jó, 42:5)

Isso fez toda a diferença em sua vida, pois agora ele não servia a Deus por medo de ser castigado, mas por ter provado de Seu poder e de Sua bondade!

Ou seja, somos nós quem controlamos o poder de Deus em nossas vidas. Muitas vezes, não permitimos que Ele aja plenamente, talvez por comodismo, por não querermos pagar um preço alto, através do jejum, da oração e da obediência à Palavra, ou por incredulidade mesmo, por acharmos que Ele está muito longe de nós, incapaz de nos ver ou nos ouvir.

Mas isso não é verdade. Deus nos vê e nos conhece muito bem e eu tenho como provar isso com exemplos em minha própria vida!

Eu sempre vi Deus trabalhando de maneira linda em nosso ministério e cada vez que sentíamos desejo ou necessidade de construir algo novo, como um projeto, um templo, ou até mesmo algo para nossos filhos, como escola, roupas ou outra coisa qualquer, Deus sempre enviava o necessário e, às vezes, até mais do que isto.

Nossas expectativas nunca eram grandes, mas sempre que nos lançávamos para fazer a vontade dEle, Ele se mostrava fiel a nós, nos suprindo de todas as necessidades.

# Capítulo 10

## O casamento

*"De vocês, surgirá uma Missão na África e muitos africanos se levantarão para fazer a minha obra."*

Aquele nosso tempo maravilhoso rdeste, Deus começou a acertar os detalhes para que fôssemos para a África.

Mas tudo era muito novo para nós, pois eu continuava sem nenhuma ajuda financeira, não tinha nenhuma pessoa da família ou da igreja que me ajudasse e lá estava eu, com um casamento para planejar e uma chamada missionária para outro continente! O jeito era jejuar e orar muito, pois eu só tinha uma fonte, e ela vinha do Céu!

Ao regressarmos de Curral Velho, nos reunimos com a liderança geral da JOCUM, para falarmos sobre nossos planos. O primeiro a ser chamado foi Roberto e depois, eu. Mas quão reveladora foi a nossa conversa com nossos líderes, graças a Deus!

Ao Roberto, foi-lhe dito:

- Então, Roberto, você e Célia querem se casar, mas você esteve esse tempo todo trabalhando com ela, sabe que ela é uma líder por natureza, sabe que, se casando com ela, você deve liderar sua esposa. Como você acha que conseguirá ser líder, sendo tão calmo e tranquilo? Você acha que conseguirá ser líder e respeitar o ministério e a liderança de sua esposa?

- Se é Deus quem está nos unindo, eu creio que Ele nos ajudará, sim! – respondeu ele, bem calmo.

Aquela foi, realmente, uma ótima resposta! Agora seria a minha vez de enfrentar nossos líderes! Mas aí a questão já veio de forma inversa:

- Célia, você é uma líder nata, seu trabalho liderando a equipe em Curral Velho foi excelente, todos a elogiam muito como líder. E você sabe que o Roberto é um rapaz calmo, tranquilo, calado, enquanto você é agitada e visionária. Você sabe que se casar com ele terá que ser submissa, sem enterrar seu ministério. Você acha que será capaz?

Fiquei em silêncio por um momento e logo me lembrei de um dia que tinha feito esta mesma pergunta para Deus, em um daqueles muitos momentos de questionamento: "Senhor, não vês que o Roberto é muito parado, indeciso? Eu vou acabar mandando nele!"

E ouvi o Espírito me dizendo:

*"É bom que vejas isto agora, pois deverás ser submissa como esposa, sem deixar de ser a pessoa que você é!*

Eu sabia que teria que orar muito e depender muito de Deus, para não desrespeitar meu marido nem sair correndo na frente dele. E isso, para mim, era bem difícil e complicado. Mesmo assim, respondi:

- Eu orei muito e, por várias vezes, questionei Deus sobre muita coisa, mas em todos os momentos, Ele sempre me respondeu com graça e me fez entender os planos Dele para mim e para Roberto. Creio que serei uma boa esposa, sim, e ele, um bom marido. Juntos glorificaremos a Deus, tanto em nosso casamento, quanto em nosso ministério na África!

Com certeza, nossos líderes viram maturidade em nós e nos abençoaram.

No dia 06 de dezembro de 1990, Roberto pediu a meus pais a minha mão em casamento e ficamos noivos. Logo após o almoço, eu o levei até a Rodoviária e ele foi para sua cidade, Campo Grande, de onde só retornou em fevereiro, para nos casarmos.

E como foi complicado estar ali na Base, orando e jejuando por nosso casamento, sem tê-lo por perto! Ele só chegaria um mês antes de nos casarmos, e eu tinha que providenciar vestido, móveis, flores para a igreja, e não tinha nenhum centavo, era tudo pela fé mesmo!

Casamento de Célia e Roberto em Belo Horizonte-MG (16/03/1991)

Às vezes, me pergunto como eu consegui! Cuidado e provisão de Deus, eu escolhi obedecer a Ele e seguir Sua vontade. E Ele, por sua vez, foi trazendo pessoas para nos ajudar, que foram suprindo um pouco aqui e ali, até que, de forma simples, nosso casamento se realizou.

Agora casados, já estávamos prontos para orar e começar a planejar a nossa ida para Moçambique, um país que estava em guerra civil há 15 anos, com muitas pessoas sofrendo, muita destruição, fome e insegurança.

Eram estas as informações que nos chegavam! Nosso líder, Mark Barnes, já havia estado lá e era ele o responsável pelo projeto em Moçambique!

*"Você se casará com Roberto e, juntos, irão para Moçambique como líderes da equipe. De vocês, surgirá uma Missão na África... "*

Como eu sabia que ainda faltava esta parte do plano de Deus se concretizar, após nossa lua-de-mel, retornamos à base da JOCUM, em Contagem, e começamos a orar por nossa ida para África.

Nunca falamos a ninguém sobre isso e nem mesmo a sós, nós tocávamos nesse assunto. Para falar a verdade, já havíamos até esquecido!

Até que um dia, nosso líder Mark nos chamou em seu escritório para conversar e, após orarmos, ele nos disse:

- Meus irmãos, eu estava orando para escolher a pessoa que irá liderar a equipe em Moçambique e Deus me disse que seriam vocês dois! Eu sei que parece assustador, Roberto, mas como a Célia liderou muito bem em Curral Velho, creio que vocês dois poderão trabalhar muito bem juntos para abençoar nossos irmãos da equipe e os que virão depois!

Olhei para Roberto e esperei ele responder, pois agora eu já não era sozinha e nem poderia decidir algo tão sério sozinha!

E ele respondeu ao nosso líder:

- Olha, no ano passado, Deus falou com Célia sobre o nosso casamento, nossa ida para Moçambique e nossa liderança na equipe. Não falamos nada disso a ninguém, porque sabíamos que era algo muito sério e que só deveria ser confirmado por Deus! Mas agora, sabemos que Ele está nos chamando através de você e, por isso, não temos como recusar.

E assim, aceitamos aquele grande desafio, de liderarmos uma equipe para formar uma nova base missionária da JOCUM, num país que não conhecíamos e junto a um povo que também não sabíamos como era. Tudo isso, diga-se de passagem, sem nenhum recurso financeiro.

Sem saber nem por onde começar, lá fui eu para minhas campanhas de 40 dias de jejum e oração, levantando-me todas as madrugadas para orar, a fim de receber de Deus a graça e as condições de realizar aquele projeto ousado de fazer missões transculturais!

E aqui começa uma nova história de fé...

## Capítulo 11

## Eis que chega o momento de Deus

*"O justo viverá pela fé; se ele retroceder, a
minha alma não terá prazer nele. (Hebreus,
10:38)*

Após os 40 dias de jejum, orando para
Deus abrir portas e mover corações
para nos ajudar, recebemos de nosso
líder Mark uma oferta para comprarmos as passagens
de ônibus e viajarmos para Campo Grande, a cidade de
Roberto. Lá chegando, contactamos os irmãos e
amigos dele e falamos do nosso grande desafio, de
irmos juntos para a África e do quanto precisávamos
deles.

Imediatamente, um grupo de amigos se
levantou, dentre eles, nosso querido irmão, Gilmar
Olarte, Gilmar Taxista, Oseias, Zenilton (em memória)
e Ricardo, dos que me lembro.

Mas a ajuda que eles nos dariam não seria
suficiente para a compra das passagens para
Moçambique e para a nossa sobrevivência por lá.

Digo sobrevivência, porque, naquela época,
fazer Missões era bem diferente! Hoje, graças à
internet, o missionário tem mais acesso às pessoas,
podem compartilhar suas experiências e suas
necessidades são atendidas mais rapidamente.

Mas naquela época, fazer Missões era estar disposto a tudo, até a morrer no campo missionário.

Iríamos mesmo para pregar, trabalhar no sol quente com evangelismo, dormir no calorzão, beber água quente, morar mal, até que Deus decidisse nos honrar e levantar os recursos. Mas até isso acontecer, seriam mais de 4 ou 5 anos levando uma vida bem carente! Mas tanto Roberto quanto eu já havíamos sido muito bem preparados pela vida, para vivermos nosso chamado em Moçambique, ou, pelo menos, pensávamos que sim!

Após 3 meses tentando, regressamos para a Base, em Belo Horizonte, muito desanimados com o resultado negativo que tivemos.

Foi quando aconteceu uma experiência que me marcou muito. Em certo momento em que nossa fé é confrontada, o Espírito Santo se ergue com uma resposta que nos marca profundamente!

Foi numa rápida conversa que tivemos com o então pastor da igreja de Roberto. Eu confesso que achei aquela igreja enorme, cheia de pessoas muito bem de vida, e achei que dali sairiam nossas passagens. Mas tenho aprendido que Deus, às vezes, usa fontes que nem imaginamos!

Ao falarmos com aquele pastor sobre nossa decisão de irmos para a África servir a Deus num país de guerra e sofrimento, ele nos disse:

- Muito linda essa visão. Não poderemos lhes ajudar financeiramente, mas estaremos orando por vocês.

- Com certeza, pastor. Se é Deus quem está nos enviando, Ele suprirá todas as coisas, não se preocupe! – respondi, olhando séria para o pastor.

Saí dali naquela noite me sentindo bem desmotivada, mesmo tendo proferido aquelas palavras de confiança. Dentro de mim, eu começava a achar que nossa ida para Moçambique estava bem longe de se tornar real! Se o pastor de uma igreja grande como aquela dissera que não tinha condições de nos ajudar financeiramente, que outras igrejas pequenas poderiam fazer?

Fé. Que palavrinha pequena e de tanto valor! A fé nos permite entrar no secreto de Deus e nos tornarmos seus confidentes! Ela transforma as pessoas simples em grandes guerreiros, seres humanos frágeis e limitados em grandes heróis de um mundo que só existe no coração de quem crê, o mundo do Reino, onde não há limitações, onde tudo é possível!

*"Sem fé, é impossível agradar-lhe, e com fé, podemos todas as coisas".*

Isso estava sendo ensinado, de forma bem consistente, pelo Espírito Santo, pois só Ele sabia o que estava a nossa frente e o que enfrentaríamos, após chegarmos naquele país. Então, nada mais certo do que nos preparar muito bem nesta caminhada de fé, que estava apenas se iniciando!

Queres ser bem-sucedido em seus projetos? Caminhe por fé! É a fé que nos faz transpor montes e enfrentar situações que, aos nossos olhos, são impossíveis, pois ela nos faz triunfar.

Após regressarmos de Campo Grande, reiniciei uma campanha de 40 dias de jejum e oração. Estas sempre foram as minhas armas de guerra: jejum e oração.

E ali estava eu, vivendo um dos momentos mais difíceis de minha vida. Como eu sabia que precisava orar e muito, então, todos os dias, às 4:30 da manhã, eu me levantava e ia pro meio do mato, ficar embaixo da minha arvorezinha amiga. Ali eu orava até o dia amanhecer e o sol já nascia bem quente!

Não havia preguiça ou desânimo para mim em orar, pois aqueles eram os momentos nos quais eu mais me deliciava, tinha prazer! Ali eu ouvia a doce voz do Espírito Santo me encorajando, ali eu chorava louvando, ou deixava derramar, diante dEle, todo o meu medo. Mas ali também uma mulher forte e destemida estava sendo forjada, pois para a realidade onde eu iria viver, eu precisaria ser uma guerreira firme, corajosa e fortalecida nEle. Alguém teria que pagar um preço para que a obra dEle fosse feita e eu já sabia de minha responsabilidade!

No último dia da campanha, estava eu orando, entregando e agradecendo a Deus por cada palavra dada e por acolher minha oração, quando, de repente, este versículo me veio à lembrança:

*"Mas ainda um pouquinho de tempo e o que há de vir virá, não tardará, mas o justo viverá da fé, e se ele retroceder, a minha alma não tem prazer nele".*

Aquela Palavra veio como uma tocha acesa e acendeu um fogo tão forte dentro de mim, que saí daquela campanha com a certeza de que, em poucos dias, conseguiríamos as passagens.

Alguns dias após a minha campanha de jejum e oração, a Eliete, uma amiga minha, me ligou de sua cidade, Vitória-ES, me dizendo que havia falado sobre nós e nosso desejo de ir para Moçambique a um empresário muito abençoado, e ele ficou querendo nos conhecer.

Partimos, então, para o Espírito Santo, onde já conhecíamos a família do nosso saudoso Pr. Daniel Felipe de Sousa, que já havia nos abençoado muito, quando passamos nossa lua-de-mel naquela cidade.

Nosso encontro com o empresário Edson Vargas já foi, de primeira mão, revelador, pois no primeiro dia que nos conhecemos, ele nos deu uma oferta de 700 dólares! Meu Jesus! Tínhamos estado viajando, pregando e compartilhando por 3 meses e não tínhamos conseguido nem 500 dólares ainda e ali, de forma tão rápida, estávamos sendo abençoados com 700 dólares!

Aquela experiência nos acendeu a tocha da fé e novamente, o versículo veio ao meu coração: *"Ainda um pouquinho de tempo, não despreze a sua confiança, ela tem grande e avultado galardão."*

Durante aqueles dias, fui com Roberto pregar em várias igrejas batistas, e todos diziam: "Que visão linda, que coragem! Deus os abençoe!"

Mas nada de contribuírem! Já estávamos ali há um mês, indo de um lugar para outro, em pleno mês das Missões Mundiais, e nada de conseguirmos as passagens. Nós precisávamos de 3.200 dólares, para sair de Belo Horizonte até Johannesburg, pegar outro avião até Harare, e depois um carro até Moçambique. Seria assim o nosso trajeto.

O irmão Edson, então, conseguiu um espaço para que eu falasse no culto da igreja dele, no domingo de manhã, que seria justamente o dia de entregar os alvos para o mês das missões mundiais.

Edson Vargas

Antes da minha hora, Edson colocou a mão no bolso de sua camisa e nos cochichou: "Minha oferta para as missões está aqui. Se meu pastor disser que irá abençoar vocês, eu a depositarei no altar; se não, eu lhes darei, para ajudar com as passagens."

Eu realmente não fazia ideia de quanto seria a oferta dele, mas se ele havia nos dado 700 dólares na chegada, com certeza iria cobrir o que faltava para os 3.200. Mas Deus ainda iria nos surpreender muito, naquela manhã de missões mundiais!

Subi para o púlpito com meu sermão pronto, dentro dos padrões de uma homilética correta, e qual não foi minha surpresa, quando ouvi aquela vozinha, já tão minha conhecida, me dizendo:

*"Fale sobre a minha vontade."*

Em pensamento, continuei o diálogo com Ele:

"Como assim, Senhor? Eu estou numa igreja Batista, este povo é exigente, preparei o sermão bem preparadinho, estudei várias vezes, até memorizar cada ponto e subponto, e o Senhor quer que eu mude tudo? Como pode ser isto? Como vou fazer?"

Mas Ele ficou em silêncio. A igreja toda se preparando para o momento da mensagem, eu num torvelinho de sentimentos e Ele no mais absoluto silêncio! Perguntei-lhe: "E sobre o que devo pregar?"

"*A minha vontade*" - foi a resposta dEle.

- Está certo, mas me dê um versículo, então.

Àquela altura, eu estava bem nervosa, pois o pastor já estava com o microfone, fazendo os cumprimentos e se preparando para me chamar. E eu ali, sem tempo nem para um rascunho!

Mas que doce e enigmática é a vontade de Deus, que nos condiciona a ser e a fazer aquilo que Ele quer! Não somos perfeitos nem superdotados de uma fé extraforte, somos apenas filhos de um Deus Gracioso que nos chama e nos capacita, nos permitindo participar de Sua Natureza Santa e triunfar em todas as experiências em que formos chamados!

Eu simplesmente me emociono de tal forma, pensando em tudo o que tenho vivido até aqui com Deus, que confesso me sentir devedora desta graça, deste cuidado, deste amor tão imensurável que eu experimento Nele!

Naquela manhã de setembro, num culto de missões mundiais, eu preguei o sermão mais lindo e poderoso, até então!

Em pouco tempo, vi uma igreja quebrantada diante de mim, começando pelo pastor. A mensagem ia tocando vidas de uma maneira tão única, enquanto eu proclamava, em alto e bom som, o valor de se conhecer e fazer a vontade de Deus!

Jesus a conhecia por completo, mas Ele queria que Seus discípulos também passassem a conhecê-la.

Mais uma vez, me quedei, diante da Soberania deste Deus Único, que estava ali comigo, movendo os corações, impregnando neles a Sua Vontade.

No final da mensagem, devolvi o microfone para o pastor e o ouvi dizer que toda a oferta recebida naquela manhã seria para nos ajudar a comprar as passagens. Olhei para o nosso mais novo amigo e vi um sorriso em seu rosto.

Tínhamos conseguido ali, naquela pequena igreja Batista, os 3.200 dólares que precisávamos para comprar nossas passagens. E com o restante do dinheiro que havíamos arrecadado nos outros dias, já podíamos iniciar nossa vida missionária na África.

Dali para a frente, viriam as preparações, a despedida da família, e finalmente a partida para uma nova vida. Enfrentaríamos grandes desafios nunca antes imaginados, mas estávamos prontos.

Ou, pelo menos, pensávamos que estávamos.

Quanto ao Pastor Daniel Felipe de Sousa, continuou nos ajudando sempre que precisávamos, até mesmo quando já estávamos na África. E até depois de sua partida para a glória, nós continuamos recebendo o apoio dele, através da Assembleia de Deus, de Vitória.

**Pr. Daniel Felipe de Sousa**

**Capítulo 12**

---

# A chegada em Moçambique

*"E disse o Senhor a Abraão: sai da tua terra, da tua parentela e da casa de teu pai, para a terra que eu te mostrarei." (Gên. 12:1,2)*

Quem nunca se viu na pele de Abraão por um segundo sequer, ao receber um chamado específico de Deus para sair e ir alcançar outros povos?

Creio que todos passamos por esta experiência, e o desconhecido nos assusta e sempre nos assustará. Mas existem promessas tão grandes nestas palavras, que terminam por nos render à completa vontade do Senhor!

Há uma promessa de ver de perto a benção de Deus, a benção da provisão, da proteção, do cuidado e da presença Dele e a promessa de nos fazer triunfar! Mais uma vez, faço menção da fé, pois é ela que nos faz crer, obedecer, deixar tudo para trás e seguir na direção do novo que Deus nos reservou!

Nenhum de nós decidirá sozinho sair de sua zona de conforto para servir a Deus! Ninguém será capaz de deixar casa, família, amigos e até sua igreja, para ir viver em outro continente, para um país em guerra, com apenas 8 meses de casado, se esta não for uma obra gerada dentro de nós pelo Espírito Santo! É Ele que faz nascer, faz sair à luz e se faz cumprir.

Bendito Espírito Santo das Missões!

Saímos de Belo Horizonte no dia 07 de novembro de 1991, debaixo de uma chuva fortíssima. Era como se os céus chorassem nossa partida!

O coração estava pesado, apreensivo com o que haveríamos de enfrentar nos próximos dias, mas ao mesmo tempo, sentíamos um prazer de estarmos saindo para viver seu chamado, para levar Cristo a outras nações, a outros povos e a outras línguas! Era um misto de alegria, assombro e impotência, mas a vida de oração, jejum e fé nos mantinha fortes!

Íamos sem muitas promessas de suporte financeiro, mas tínhamos uma esperança de que, quando estivéssemos lá, as pessoas mudariam e acreditariam em nosso chamado. Mas tudo era por fé, fé no Deus de Abraão!

Chegamos em Johannesburg e alguns dias depois, seguimos para Harare, capital de Zimbabwe, onde fomos recebidos pela nossa saudosa Gail, uma doce missionária zimbabweana de JOCUM, com quem mantínhamos contato, pois ela trabalhava em Moçambique e falava português, e isto nos ajudava muito. De Harare, seguimos para Moçambique, nosso querido país, onde Deus prometera nos fazer crescer e ser benção para muitos moçambicanos.

Fomos de carro, pois eram, aproximadamente, 5 horas até a fronteira e mais 4 horas até Beira, uma cidade de Moçambique onde iríamos estar por alguns dias, até seguirmos, finalmente, para a cidade onde iríamos atuar!

Chegar à fronteira de Zimbabwe com Moçambique nos causou um misto de sentimentos.

Logo que paramos na entrada da fronteira, já percebemos um pouco do que viria pela frente! Pessoas magras, quase esqueléticas, caminhando pelas ruas, casinhas pequenas feitas de barro e cobertas de capim, gente descalça e malvestida...

De repente, sentimos um pânico muito grande! Olhei para mim mesma e para meu esposo. Éramos dois jovens sem nenhuma formação especial, sem dinheiro, sem grandes talentos, diante de tanta pobreza, numa terra seca e muito quente. O sol era causticante e fazia um calor insuportável, pois havia 5 anos que não chovia! Desespero! Esta era a palavra que mais nos definia naquele momento.

Sentamo-nos em nossas malas, naquele chão de fronteira, e senti muita vontade de chorar. Seguramos a mão um do outro e começamos uma prece silenciosa em nossos corações, perguntando a Deus o que iríamos fazer ali e o que teríamos para oferecer àquele povo, se não tínhamos nem para nós mesmos! Naquele momento, sentimos, nós dois, um abraço do Espírito Santo, enquanto Ele ministrava em nossos corações estas palavras:

"Ame este povo, expresse o meu amor a eles, através de suas vidas! Deixem que sinta o quanto os amo e que, por este amor, Eu os trouxe até aqui! E o resto, deixe comigo!"

Amor, algo tão simples, mas foi Ele quem gerou o Filho na Cruz entregue pelo Pai para remissão de nossos pecados! Amor que move a Mão de Deus e faz com que dois jovens se unam para cumprir a vontade Dele em meio a um povo amado por Ele.

Na verdade, Deus ama os povos, as nações! Ele não desiste de nós, não desiste de levar o Evangelho a lugares distantes. E lá estávamos nós, recebendo de Deus uma dose enorme de amor para dividirmos com um povo que não conhecíamos, mas que, em breve, se tornaria o nosso povo, com quem viveríamos um longo e lindo chamado missionário!

Após aquela experiência na fronteira, chegamos à Cidade de Beira e, devo confessar, que foi um tanto quanto assustador! Depois de um dia exaustivo de viagem, sentados na boleia de uma caminhonete, com todo aquele sol e vento batendo em nosso rosto, por mais de 6 horas, chegamos ao local onde iríamos ficar por uma semana.

Nossas amigas, a missionária Debbie, Gail e Anneke, viviam no quinto andar de um prédio, onde não havia elevador nem água. Eram 7 horas da noite quando chegamos e mal havíamos começado a subir as escadas, com nossas malas na cabeça, quando a energia desapareceu. E no meio daquele escuro, enquanto as pessoas corriam e gritavam, subindo e descendo as escadas, senti um desespero danado. Atordoada, comecei a gritar por Roberto, para que ele segurasse na minha mão.

A essa altura, nossa anfitriã Gail já havia desaparecido e nos deixado para trás. Claro, era a casa dela e ela sabia como tudo funcionava. Mas nós dois continuamos ali, apavorados, como se muitos demônios estivessem ao redor de nós, gritando:

**"O que vieram fazer aqui? Não os queremos aqui, este é nosso território!"**

Confesso que deu uma vontade enorme de usar a passagem de volta e retornar para nossa terra, mas Deus nos socorreu e a energia retornou. Subimos, então, até o quinto andar, um tanto quanto assustados.

A Cidade de Beira parecia ter sido uma bela cidade na época do colonialismo. Digo "parecia", porque estava bem destruída. Nas lojas, pouca coisa se via e tudo era muito caro. A sujeira era algo que aparecia de imediato. Havia áreas realmente sujas, mas outras bem bonitas.

Aos poucos, fomos nos deixando absorver por aquele novo estilo de vida, de língua e de comida que, no início nos incomodava muito, mas depois, fomos nos adaptando e tudo foi se tornando normal.

Depois de uma semana ali, nos mudamos para a Cidade de Dondo, onde iniciaríamos nossos trabalhos de evangelismo.

Dondo era uma pequena cidade a 30 km de Beira. Era ali que estava o maior campo de refugiados daquela região, cerca de 19 mil pessoas morando em um espaço de terra doado pelo governo. Pessoas que haviam perdido tudo nas áreas de ataque, famílias, terra, casa, e resolveram fugir para buscar segurança ali.

Foi na Aldeia de Macharote, entre famintos e desesperançados, o nosso primeiro campo de atuação. Muitas e muitas vezes nos sentimos inúteis e, em silêncio, chorávamos, pedindo a Deus que nos fortalecesse, orientasse e capacitasse!

Oh, dias difíceis!

Nossa alma se angustiava com tudo o que via e sentia, e nós não tínhamos muito a oferecer. Ou tínhamos tudo ao mesmo tempo, pois levávamos a

Palavra, a oração com a imposição das mãos e o amor expresso no estar perto!

Acharam por bem nos colocar para morar com famílias moçambicanas e isso nos preocupou muito, pois éramos recém-casados, novos em tudo o que estávamos vivendo, e temíamos ser mandados para viver junto com uma família de 6 filhos, numa mesma casa e em condições precárias!

Não foi fácil aquele nosso primeiro ano em Moçambique!

Roberto e eu orávamos todos os dias e fazíamos nosso devocional juntos (este foi um hábito importantíssimo em nosso ministério e vida a dois), pedindo a Deus que nos colocasse numa casa de paz! E acabamos indo viver com a irmã Fina, uma senhora que morava só com duas sobrinhas.

Roberto e Célia – Primeiros meses em Dondo, Moçambique (1992)

Ah, que presente de Deus foi para nós morarmos ali e sermos cuidados por ela! Ali ficamos por quatro meses.

Mas era tudo bem precário e difícil, a começar pelo fato de que dormíamos no chão e usávamos um banheiro tradicional, que ficava fora da casa. E tudo assim, de chegada. Só mesmo estando em permanente oração, para não se chocar!

Deus também nos deu outro presente em Dondo: um casal preciosíssimo, muito atencioso e prestativo que muito nos orientou, a Noêmia e o Pr. Jerônimo. Ela era brasileira, missionária da Junta das Missões, e já estava em Moçambique há 7 anos. A princípio, ela vivia em Beira, mas após o casamento com o Pr. Jerônimo, que era moçambicano, os dois se mudaram para Dondo.

E assim, demos início àquela vida que seria, ao longo dos anos, normal para nós!

Início do trabalho de evangelização na Aldeia de Macharote, em Dondo-Moçambique (1992)

Íamos todos os dias a pé, até a aldeia de Macharote, de manhã e de tarde, incansavelmente, para orar pelos enfermos, levar a palavra e trabalhar com crianças.

Após quatro meses de adaptação, vivendo com aquela preciosa irmã, começamos a ver os primeiros frutos de nosso trabalho! Não tínhamos recursos nenhum, humanamente falando, mas tínhamos uma chama dentro de nós que tocava corações, trazia lágrimas que curavam e motivava o povo a ter esperança. E assim, o amor ia tocando e curando vidas.

Sempre que deixamos de orar por nossas causas e começamos a orar pelos outros, isto provoca um milagre, tanto no próximo como em nós mesmos.

Lembro que, certa vez, estávamos sem dinheiro nenhum, pois às vezes, tínhamos que esperar alguns meses, até conseguirmos receber a pequena ajuda que vinha do Brasil.

Em meio a essa dificuldade, o missionário Labieno nos pediu para orarmos por suas finanças. Prontamente, deixamos nossas preocupações de lado e, no nosso devocional, levantamos um clamor por ele. Poucas horas depois, recebemos uma ligação daquele missionário, por quem estivemos orando.

- Irmãos, minha benção chegou e vou dar o dízimo para vocês! – disse ele.

Que telefonema abençoado foi aquele! Aquela "bênção" resultou em quase 200 dólares, que nos ajudaram bastante!

De fato, orar pelo outro é sempre uma benção!

Em março, Pr. Jerônimo e Noêmia foram ao Brasil e nós aproveitamos para ficar em sua casa, que era bem mais confortável do que a que estávamos, apesar de ser uma casa baixa, sem forro e com telhado de zinco, o que tornava o calor ainda mais insuportável.

Aqueles dias foram marcados pelos constantes ataques da resistência armada, que chegava a entrar na Vila de Dondo, invadindo casas e lojas em busca de comida, atacando comunidades inteiras e fazendo com que milhares de mulheres e crianças fugissem pelas ruas, apavoradas!

Tanto as bombas como os disparos entre o exército nacional e a resistência causavam um barulho tão terrível que, muitas vezes, nós entrávamos em pânico.

Naqueles momentos, nós nos ajoelhávamos e orávamos, pedindo a Deus pelo fim da guerra.

Hoje sei que Deus ouviu o nosso clamor, pois em outubro daquele mesmo ano, o acordo de paz foi assinado.

## Capítulo 13

## Minha primeira malária

*"O Senhor é o Meu Pastor, nada me*
*faltará." (Sl.23: 1-3)*

Em março de 1992, quando completamos um ano de casados, senti o desejo de engravidar. Orei primeiro e depois parei de tomar as pílulas. O resto, se iria engravidar rápido ou não, eu deixei nas mãos de Deus.

Nesse meio tempo, os missionários Neto e Elias já tinham chegado em Dondo e se juntado a nós, no trabalho de evangelização e de assistência na área da saúde aos moradores da aldeia.

Só que ainda não tínhamos casa e nem podíamos continuar morando com a Irmã Fina, pois já éramos muitos. Precisávamos ter o nosso próprio espaço.

Foi quando procuramos o diretor da fábrica de cimento e ele, compadecido com a nossa situação, nos emprestou a casa destinada aos diretores, que ficava dentro da fábrica. Disse que nós poderíamos ficar lá por 4 meses sem precisar pagar aluguel e, enquanto isso, nós procuraríamos outra casa, com mais calma.

Quando vimos o tamanho da casa, nem pensamos duas vezes: contratamos um caminhão de mudança e, na mesma semana, nos mudamos para lá. Foi uma bênção de Deus!

Mudança para a casa da fábrica de cimento.
(Dondo-Moçambique, 1992)

Embora a casa fosse grande e espaçosa, ainda não tínhamos cama e continuávamos dormindo num

Horta comunitária cultivada dentro da propriedade da fábrica de cimento. (Dondo-Moçambique, 1992)

colchão no chão, pois tudo era muito difícil naquela época. Mas estávamos felizes, mesmo assim, e logo tratamos de aproveitar parte daquele terreno para fazer uma horta comunitária.

Não demorou nada e naquele mesmo mês eu engravidei, apesar de só ter me dado conta disso um mês e meio depois. Foi uma festa constatar que estávamos grávidos da nossa primeira filha, a Thaís. Como Noêmia também estava grávida do seu filho Jônatas, isso me deixou muito feliz, pois teríamos nossos filhos no mesmo mês de dezembro de 1992.

No terceiro mês de gravidez, porém, acordei, durante a noite, com muitas dores pelo corpo, dores de cabeça e febre, muita febre!

Naquele tempo, não era comum ouvir falar de malária. Éramos novos em Moçambique e ainda não havíamos visto ninguém com aquela doença, pois, como não chovia, não havia risco de proliferação do mosquito transmissor. Por isso, nem suspeitávamos de que aquilo que eu estava sentindo pudesse ser algo tão terrível.

Na manhã seguinte, eu ainda estava me contorcendo de dores e febre, enrolada em cobertores e mais cobertores. Aquela dor forte na parte de baixo da barriga nos fazia pensar que havíamos perdido nosso bebê. Era uma dor ainda pior do que as dores no resto do meu corpo!

Assim que amanheceu, Roberto foi atrás de Noêmia e Jerônimo. Ela tentou abaixar minha febre, me enrolando em cobertores molhados, mas isso só fez aumentar a temperatura, por isso, achamos melhor procurar ajuda médica na cidade.

Como naquela época eles não tinham carro, usavam um fusca velho, que havia pertencido à Valnice Milhomes, uma missionária da Junta de Missões, que havia servido por muitos anos em Moçambique. Aquele carrinho não fazia mais

Roberto, ao lado do velho Fusquinha da Junta de Missões.

do que 40 Km por hora, e a cidade de Beira ficava a 30 km de onde morávamos. Mas era o único carro que tínhamos.

No caminho, sentimos um balanço forte no carro e, de repente, ele parou. Jerônimo e Roberto desceram para ver o que acontecera e qual não foi a nossa surpresa, quando vimos que uma das rodas do carro havia se soltado e ficado para trás. Imediatamente, constatamos que Deus havia nos livrado de um acidente maior, pois se aquele carro fizesse mais de 40 km, o acidente teria trazido consequências enormes.

Mas engraçado mesmo foi no hospital, quando mediram minha temperatura e viram que ela estava normal. E eu não tinha tomado nenhum medicamento! A médica, então, pediu que fizessem um teste de malária em mim. Até então, eu nem sabia o que viria a seguir!

Quando o resultado chegou, ela nos comunicou que eu estava com malária e que deveria ficar internada para tratamento, pois malária, na gravidez, era muito perigoso. Talvez não tanto para uma mulher moçambicana, já acostumada com seu ambiente, mas para uma recém-chegada e, ainda mais, grávida de primeira viagem, aquilo poderia ter consequências mais dolorosas.

Deram-nos a opção de ficar na enfermaria ou num quarto especial! "Nossa, tem até quarto especial neste hospital, nada mal!", pensei.

Mas a cena que vimos naquela enfermaria foi chocante! Mulheres jogadas em camas com colchões sujos, sem lençóis, e os pratos de comida destampados, com baratas passeando em cima da comida, já podre!

Oh, Deus, aquilo só fez aumentar minha dor!

E apesar de não termos dinheiro para o quarto especial, fomos obrigados, pelas circunstâncias, a dar um passo de fé e escolher um deles.

Depois de me instalarem no quarto, Roberto e os amigos foram embora, e eu fiquei ali, com a minha dor, meu desespero e minha insegurança! Foi como se naquela hora, realmente, "a ficha tivesse caído".

Me vi sozinha, num país estranho, longe de minha família, grávida, cheia de dores e febre! Era como se a terra estivesse abrindo um buraco e me engolindo. Sentia uma enorme tristeza na alma, uma solidão! Que momento triste foi aquele!

Tentei dormir, mas as dores no corpo e na cabeça eram tão fortes, que até o abrir e fechar de olhos era difícil. E movimentar o corpo, então, era impossível!

O desespero aumentou quando vi um enorme rato subindo pela cama e passando por cima de mim.

Meu Deus, nem forças para espantar aquele bicho asqueroso eu tinha! Que vontade de gritar por socorro, de sair correndo dali, mas eu não conseguia.

Desesperada, sozinha, sem meu marido nem minha família por perto e sem saber o que iria acontecer depois, comecei, então, a falar o Salmo 23, bem baixinho, pois a dor não me permitia ir muito além disso. Por isso, eu só dizia: *"O Senhor é o Meu Pastor, nada me faltará. Faze-me deitar em verdes pastos, guia-me mansamente em águas tranquilas, refrigera a minha alma, guia-me pelas veredas da justiça, por amor do seu nome." (Sl. 23: 1-3)*

Quantas vezes eu já havia lido aquele salmo, até decorá-lo, mas nunca aquelas palavras se tornaram tão vivas para mim, como naquela noite!

Para mim, foi como se o Logos se tornasse Rhema e o Verbo se fizesse vivo e se manifestasse...

Naquele momento, eu senti uma paz encher minha alma. Uma luz iluminou o quarto e eu senti, de forma nítida, a presença do meu Senhor, e ouvi claramente a sua voz me dizer: *"Eu sou, sim, o teu pastor, não temas! Eu estou contigo!"*

Comecei a chorar, mas não eram lágrimas de medo ou dor. Eram lágrimas de alegria, de paz! E naquele ambiente de amor e calma, eu perguntei a Ele: "Senhor, e meu filho, o que irá acontecer com ele?"

E na Sua grande compaixão, Ele me respondeu:

*"Não temas, eu estou cuidando de tua criança, olha o que tenho feito!"*

Nesse momento, vi uma luz em volta do meu útero, como um anel. E Ele me disse que nada iria passar para minha criança!

Aquela experiência me trouxe uma paz muito grande e eu tive uma noite de sono tranquilo, sem dores, sem febre e sem acordar durante a noite. O Senhor havia me preparado para os próximos dias que viriam!...

Depois de cinco dias, tive alta do hospital e voltei para casa, ainda muito fraca. Como dormíamos em um colchão no chão, o ato de me levantar, devido à minha fraqueza, ao tratamento e à gravidez, era um verdadeiro sofrimento. Por isso, eu passava a maior parte do tempo deitada.

Dois dias depois da alta, voltaram as dores de cabeça e a febre. Retornamos ao hospital e a médica disse que eu estava com malária resistente!

Tenho certeza de que, se o Senhor não tivesse me aparecido naquela noite e não tivesse fortalecido a minha fé, certamente eu teria me desmoronado.

Mas eu e Roberto ficamos firmes nas Palavras do Senhor e acreditamos que, mesmo tendo que tomar uma segunda bateria de medicamentos ainda mais forte para destruir os parasitas da malária em meu sangue, nada aconteceria a nossa filha, pois Fiel era o que havia prometido!

No mês seguinte, eu me senti muito mal. O medicamento havia afetado meu fígado e eu vomitava tudo o que comia. Estava no 4º mês de gravidez, fraca, magra e sem forças para andar. Quando eu tentava, ficava tonta e era levada, novamente, para o colchão no chão.

Mas mesmo naqueles momentos, eu tinha paz, pois sabia que Meu Deus não me desampararia em nenhuma circunstância difícil que eu enfrentasse!

## Capítulo 14

# Um presente de Deus

*"Minha filha, não desanime, chegará o momento em que você terá tudo o que precisar."*

D ali para a frente, as coisas começaram a melhorar para nós. Conseguimos um apartamento para alugar, pois agora éramos cinco na equipe, além de Elias e Neto, que já estavam conosco há quatro meses. Lígia, minha querida amiga, também estava chegando do Brasil para se juntar ao grupo.

Agora sim, éramos uma equipe de JOCUM e as coisas estavam acontecendo.

**Da esquerda para a direita: Noêmia, Elias, Lígia e Célia, durante um culto na aldeia de Macharote, em Dondo-Moçambique (1992)**

Creio e sempre digo que, após uma grande luta, vem uma grande vitória também. Então, aprendi a louvar a Deus pelas lutas que enfrento, pois elas são as oportunidades das quais Ele se utiliza para nos provar e ver até onde Ele pode contar conosco e confiar em nós! Glórias eu rendo a Deus, por Ele nunca ter me permitido desistir diante das dificuldades!

Naqueles dias, ir à cidade de Beira, que ficava a 30 km de onde morávamos, era, para mim, uma verdadeira maratona de fé, pois os homens não respeitavam as mulheres, nem tampouco as grávidas! Como minha barriga já estava grande, Roberto tinha que colocar os braços em volta dela e me proteger, para que eu conseguisse subir no *minibus*, nosso transporte público, sem levar socos nela!

Certa vez, quando eu estava indo a Beira ver a médica, me senti um pouco triste, dentro daquele ônibus cheio, sem ter como mudar os pés de lugar. Além disso, havia uma pessoa atrás de mim, com os braços abertos bem em cima da minha cabeça, com um cheiro insuportável de suor. Senti uma angústia tão grande, que não consegui segurar as lágrimas. E pensei: "Senhor, nós não temos nada! Olha pra nós! A casa onde estamos terá que ser entregue de volta à empresa, minha filha está pra nascer e nem cama pra nós ou pra ela temos! Tem compaixão, Senhor!"

Aquele ambiente, aquelas pessoas, minha situação, tudo contribuía para que uma tristeza enorme tomasse conta de mim. Mas até ali, Deus estava comigo e o ouvi dizer:

*"Minha filha, não desanime, chegará o momento em que você terá tudo o que precisar, sua casa, seu carro e tudo do melhor. Mas agora é seu tempo de passar por isto!"*

Sempre fico transformada, quando ouço a voz de Deus. Sinto-me mais forte, mais corajosa, e daquela vez não foi diferente! Enxuguei as lágrimas e foquei os olhos para um futuro que eu sabia, traria muitas bênçãos para nós!

Estávamos em 1992, dois meses após o acordo de Paz ter sido assinado. Mas ainda faltava muito para o país ser reconstruído. Muitas pessoas ainda andavam armadas, para roubarem e saquearem e os transportes públicos eram muito escassos depois das 5 da tarde. Isso era uma grande dificuldade, pois nosso trabalho era sempre feito nas aldeias, que ficavam distantes de onde morávamos mais de 2 horas a pé!

**Célia, com o primeiro grupo de treinamento para jovens, na aldeia de Mafarinha. (Dondo-Moçambique, 1992)**

Num domingo, fomos mais uma vez a pé ao Centro Emissor, um pequeno povoado onde tínhamos iniciado uma igreja. Eu estava no oitavo mês de gravidez e havia caminhado por duas horas para chegar ali.

Na hora de voltar, decidimos ir para a estrada esperar um transporte público, pois Roberto não queria que eu voltasse a pé, já que eu estava bem cansada. Mas nenhum transporte aparecia.

À medida que foi escurecendo, aquele lugar foi ficando ainda mais assustador. Vendo que não aparecia carro nenhum, decidimos ir caminhando.

Só que, a pé, pela estrada, as duas horas se tornariam quase três, pois, pela estrada, o trajeto era mais longo do que pelo mato! Mas ficar ali também era angustiante, pois apesar de não termos nada de valor conosco, temíamos pelas nossas vidas.

Enquanto caminhávamos naquela escuridão, o pavor se apoderou de mim. Comecei a chorar baixinho para Roberto não ouvir, e enquanto chorava, fiz uma oração silenciosa, do fundo da minha alma, mas bem ouvida por meu Pai:

*"Deus, olha pra nós agora e nos proteja. Por misericórdia, faça com que apareça um carro aqui para nos levar para casa, Senhor! Eu estou cansada de andar a pé com esta barriga grande, mas não quero ficar em casa sem fazer nada, só porque estou grávida. Senhor, por favor, nos ajude! Eu preciso de um carro, antes que nossa filha nasça!"*

Naquele tempo, não tínhamos dinheiro para as nossas necessidades, vivíamos das ofertas dos irmãos da equipe. Por isso, aquela oração era de fé mesmo!

Alguns minutos depois, apareceu um transporte público que nos levou para casa. Foi o último daquela noite. Um presente de Deus para nós!

Uma semana depois, um casal de missionários da JOCUM em Zimbabwe, país vizinho a Moçambique, veio passar uns dias conosco! Ele era do Canadá e havia se casado com uma zimbabweana. Mas planejavam ficar um mês ali conosco, antes de seguirem para o Canadá.

Como Kevin – este era o nome dele - havia visto nosso sofrimento devido à falta de um carro, nos propôs que comprássemos o dele, um Peugeot 307, vermelho. Falamos para ele que seria ótimo, mas naquele momento, não tínhamos dinheiro para comprar e nem sabíamos quando iríamos ter! Mesmo assim, ele decidiu vendê-lo para nós e disse para pagarmos só quando pudéssemos!

Mas nós só conseguimos pagar 1200 dólares, a metade do valor. Por isso, escrevemos para Kevin, explicando isso, e ele, simplesmente, nos perdoou a dívida. Que alívio!

Alguns dias depois, Thaís nasceu.

Ou seja, mais uma vez, Deus ouviu o meu clamor e nos deu um carro, antes de nossa filha nascer...

## Capítulo 15

## Nasce Thaís

*"O que mais temia me sobreveio."*
*(Jó, 3:25)*

E u estava fazendo meu pré-natal com uma doutora russa, pois, naquela época, havia uma grande parceria entre Moçambique e a Rússia, devido ao comunismo. E todas as consultas eram pagas. Só que aquela médica não estava me examinando direito, e mesmo sem saber do perigo que corria, eu continuava indo vê-la.

Nesse mesmo tempo, havia chegado em Moçambique um casal de missionários da Nigéria para trabalhar com a Visão Mundial. Ele era médico e ela, parteira. Assim que os conheci, senti uma comunhão boa com eles.

Um dia, enquanto orava, senti Deus claramente me direcionando a chamá-los para fazer o meu parto. Naquela época (apesar de hoje não ter mudado muito), os hospitais eram muito sujos, os aparelhos velhos e não se aplicava anestesia para dar os pontos. Por isso, eu preferia que meu parto fosse em casa.

Quando falei com eles sobre esse meu desejo, o dr. Emanuel disse que era perigoso ter o primeiro filho em casa, pois poderia surgir alguma complicação. Mas eu estava tão segura de que nada iria acontecer, que os convenci a fazer meu parto, desde que fosse em alguma casa de Beira, pois era mais perto do hospital, caso houvesse alguma emergência!

Falei, então, com Teresinha, uma missionária da Junta de Missões, que morava num apartamento perto do hospital e ela, prontamente, nos cedeu o seu quarto.

Eu estava tão inchada, que não dava nem para ver os dedos dos meus pés. Vendo aquilo, o doutor perguntou:

- A sua médica chegou a lhe pedir um exame de urina? Ela estava olhando sua pressão?

Eu respondi que não, que ela não estava me examinando direito nem me passando exames.

Ele, então, me deu um pequeno comprimido e disse que o partisse ao meio e tomasse a metade. E se entrasse em trabalho de parto, que tomasse o restante imediatamente. Também me recomendou tirar todo o sal da comida.

Mesmo sem entender o porquê daquilo, fiz como ele havia pedido. Em dois dias, todo o meu inchaço havia desaparecido.

Uma semana depois, no dia 26 de dezembro, logo após o Natal, senti que chegara o tão esperado momento de minha filha vir ao mundo.

O parto foi rápido e apesar das dores de costume, eu me saí muito bem. Mas quando chegou o momento de dar os pontos, para minha dor e surpresa de todos, constatamos que havíamos esquecido a anestesia em casa e, como era longe, não daria tempo de buscá-la. Por isso, tive que ser costurada assim mesmo, sem anestesia.

Aquilo sim, foi muito doloroso, e me fez lembrar daquele versículo de Jó: *"O que mais temia me sobreveio"*, pois eu não queria ter minha filha no hospital, exatamente porque lá, eles não davam anestesia para dar os pontos!

Mas foram apenas alguns minutos de dor e logo eu me esqueci de tudo, assim que segurei minha primeira filhinha nos braços e constatei que ela era saudável, perfeita e linda! Obrigada, Jesus!

Depois do parto, os meus amigos médicos disseram que, se eu tivesse tido minha criança, da forma como eu estava, toda inchada, eu poderia ter tido uma eclampsia, que poderia ser fatal, tanto para mim como para o bebê.

Entendi, então, por que Deus havia me dito que os chamasse para fazer o meu parto. Sei também que o Senhor os levou até Beira, apenas para trazer Thaís ao mundo, pois assim que ela nasceu, eles foram trabalhar no norte de Moçambique.

Nosso Deus é mesmo tremendamente zeloso e protetor. Ele disse que não nos desampararia e realmente não nos desamparou!

## Capítulo 16

## A outra face do sofrimento

*"Em tudo, dai graças, porque esta é a vontade de Deus em Cristo Jesus!" (Tessalonicences, 5:18)*

Quando Thaís completou 20 dias, Roberto foi até Maputo para fazer o passaporte dela. Ele havia ganhado uma passagem de ida, mas teria que voltar de ônibus.

Naquela época, as estradas de Moçambique eram intransitáveis, pois, durante a guerra, eles tinham aberto sulcos nas estradas e colocado minas.

Como a guerra havia acabado, eles começaram a tirar as minas. Só que, muitas delas, ninguém sabia mais onde estavam e isso estava matando muita gente e deixando muitos aleijados.

Fiquei em casa apreensiva com relação à segurança de Roberto, orando para que Deus o guardasse e o livrasse de todo o mal. Mas nem imaginava o que meu marido iria passar!

Nesse mesmo tempo, eu percebi que tinha contraído novamente a malária. Tinha passado mal a noite, com muita febre e dores pelo corpo e, por isso, comecei logo a tomar os medicamentos.

No dia seguinte, como estava me sentindo melhor, continuei amamentado Thaís normalmente, sem sequer imaginar que os parasitas estavam sendo transmitidos a ela pelo leite materno!

Naquela mesma noite em que eu ardia em febre, Roberto estava voltando de ônibus de Maputo para casa. No caminho, eles viram um tronco atravessando a estrada, o que obrigava os carros a pararem. Quando eles olharam para fora, viram vários homens encapuzados, com metralhadoras nas mãos, ordenando que descessem do ônibus!

Num impulso, o motorista pisou no acelerador e jogou o ônibus contra o mato, para se desviar daquele tronco, enquanto aqueles homens disparavam suas metralhadoras contra eles!

Naquele momento, Roberto só pensou em mim e na nossa filhinha que acabara de nascer e orou: "Senhor, nos guarde"!

E realmente Ele protegeu, pois nenhum tiro atingiu os passageiros daquele ônibus, para Glória do Senhor! E meu marido conseguiu chegar seguro em casa para se juntar à sua família!

Alguns dias depois, notei que minha filhinha estava quente e gemendo, como se estivesse com dores. Fomos, então, procurar um hospital para que ela fosse examinada. Dirigimos por quase uma hora para uma cidade onde disseram que havia bons médicos da Itália trabalhando.

Quando chegamos lá, fizeram o teste de malária em Thaís e deu positivo. Sem acreditar naquele resultado, decidi procurar outro médico, pois era inaceitável que minha nenezinha tivesse aquela terrível doença! Eu havia tomado todos os cuidados, protegendo-a contra as picadas de mosquito. Como aquilo poderia ter acontecido?

Mas o segundo resultado confirmou o primeiro: nossa filha estava com malária. Com apenas 40 dias, ela já estava sofrendo com dores e febre.

Não me esqueço daquele momento em que olhei para Thaís em meus braços. Ela tão pequena e gemendo tanto! A dor em meu coração era insuportável! Eu sabia o que ela estava sentindo, pois eu já sentira aquilo, por isso, minha vontade era tirar aquela doença dela e colocar sobre mim.

Lembro de Roberto perguntando: "Deus, por que o Senhor não permitiu que eu tivesse esta doença em vez dela?"

Mas não era ela que tinha que aprender a lição que Deus queria nos dar, e sim, nós mesmos!

Enquanto eu olhava para Thaís em meu colo e chorava, senti o Espírito Santo me dizer:

*"Em tudo, dai graças!"*

Fácil darmos graças quando tudo está maravilhoso, quando temos saúde, dinheiro e tudo está perfeito. Mas darmos graças quando não temos motivo aparente para isso, é um ato de fé.

Era isso que Deus estava querendo naquele momento: plantar esta fé em nossos corações.

Olhei novamente para ela e disse:

*"Senhor, eu te dou graças, porque eu sei que Tu amas Thaís mais do que eu mesma, e que Tu és o Único que pode cuidar dela, de forma perfeita, Meu Pai. Eu sei que, independente do que estou sentindo, o Senhor é Deus e tem*

*todo o poder! Obrigada, Meu Deus, pela vida da minha filha e por esta doença que está fazendo-a sofrer!"*

Foi tão profunda e doida aquela minha oração de ação de graças, que nem eu mesma sei como atravessei aquele momento. Mas o resultado foi maravilhoso! Em poucos minutos, Thaís parou de gemer e a febre e a dor cessaram. Ela fechou os olhinhos e dormiu um sono tranquilo, do mesmo modo como eu havia dormido naquele hospital, depois de receber o toque milagroso do Senhor!

Os meses que se seguiram foram tranquilos. Nossa filha estava crescendo em perfeita saúde, apesar das muitas outras malárias que iam e vinham. Mas eu aprendera a lição e sempre confiava nos cuidados de Deus para conosco.

Pr. Jerônimo apresentando Thaís, na Igreja Batista de Mafarinha (Dondo-Moçambique, 1993)

**Trabalho com evangelização de mulheres nas aldeias (Dondo-Moçambique, 1993)**

Lúcia e Luzia já estavam conosco. Tinham chegado no dia seguinte ao nascimento da Thaís. Toda a equipe estava fazendo evangelismo e dando estudos bíblicos em igrejas locais.

Em maio de 93, chegou a missionária Ana para se juntar ao grupo. Com ela, iniciaríamos nosso ministério com crianças, pois há muito, Deus vinha nos falando sobre a necessidade de abrirmos um orfanato para amparar os órfãos de guerra, que eram muitos.

No mês seguinte à sua chegada, alugamos uma chácara e começamos a receber crianças da Ação Social. Foi muito bom o início daquele ministério, ver

as crianças chegando e a transformação que Deus ia fazendo, pouco a pouco, em suas vidas.

**Primeiras crianças órfãs de guerra assistidas pela equipe de missionários (Dondo-Moçambique, 1993)**

Mas precisávamos urgentemente construir nossa própria casa e, por isso, começamos nossas orações e jejuns em favor disso.

Ninguém daquela equipe tinha um bom sustento, mas eu e Roberto éramos os mais necessitados. Passávamos meses sem receber ajuda, e, vez por outra, um irmão ou outro depositava algum dinheiro para nós, mas nada constante. E agora, para completar, tínhamos a Thaís para cuidar.

Mas fico grata ao constatar que Deus nunca deixou que faltasse nada para nós. Sempre louvei a Deus pela equipe que Ele trouxe para trabalhar conosco, pois cada um nos ajudava como podia e, assim, prosseguíamos como líderes daquele trabalho.

## Capítulo 17

---

## A Base da JOCUM em Dondo

*"Deus tem maneiras surpreendentes de nos abençoar e responder às nossas orações."*

Começamos, então, a planejar a construção do orfanato e da Base da JOCUM, pois precisávamos de um local nosso para viver e trabalhar. Já havíamos conseguido um bom terreno do governo, mas não tínhamos recursos para construir. Por isso, mais uma vez, nos vimos desafiados a dar passos de fé.

No final de 93, éramos 9 brasileiros e 4 moçambicanos vivendo num apartamento de 3 quartos, bem apertado, e tentando superar os desafios de conviver com tanta gente diferente num pequeno espaço.

Ana vivia no orfanato com as crianças e, em breve, dois moçambicanos iriam para lá, ajudá-la! E com fé e oração, nós iríamos conseguir iniciar a construção da Base naquele início de 94.

Por isso, decidimos ir ao Brasil naquele final de ano, pois um irmão e grande amigo nosso, Edson Vargas, que já havia nos ajudado com as passagens para a África em 91, havia prometido nos enviar o dinheiro para as passagens, que, naquela época, custavam cerca de 2.500 dólares.

Como esse dinheiro iria ser enviado para a Base central da JOCUM, que ficava em Zimbabwe, país vizinho a Moçambique, nós fomos para lá, assistir à conferência anual da Missão e, quando terminou, ficamos na Base, esperando pelo dinheiro.

Thaís já havia completado um aninho e não víamos a hora de apresentá-la à família e aos amigos.

Um dia, recebemos uma mensagem dos correios de Zimbabwe, e quando fomos retirar a encomenda, constatamos que era uma revista Veja, em cujas páginas havia 2.500 dólares grampeados!

Deus tem maneiras surpreendentes de nos abençoar e responder às nossas orações. Quanto mais eu vivo e sirvo a este Deus, mais eu aprendo que o Domínio e o Poder estão em Suas Mãos!

Ficamos no Brasil por seis meses e lá ficamos conhecendo melhor o Pr. Antônio Dionísio, que havia assumido a igreja da qual Roberto era membro. A partir daí, ele nos assumiu, dando-nos uma ajuda mensal, o que foi muito importante para nós.

Quando regressamos, trouxemos mais um casal e uma jovem para trabalhar conosco.

A base missionária já estava no início de sua construção e nosso plano era fazer apenas o básico para nos mudarmos e usar o dinheiro que pagávamos de aluguel para a compra de material. Mas ainda faltava muito. Por outro lado, tínhamos fé de sobra.

E foi isso que permitiu aquela obra caminhar sem parar, até o momento em que vimos nossa casa pronta. Foi uma grande vitória para todos nós!

Sempre gosto de parar e me lembrar desses pequenos acontecimentos que nos acompanharam ao longo dos anos, formando em nós o caráter de Cristo e fazendo de nós pessoas melhores e mais úteis para o Senhor. Para mim, sempre foi e sempre será uma grande benção enfrentar cada situação permitida por Deus e sair delas aprovada, com a certeza de dever de casa pronto, com a confiança de que o Meu Deus foi glorificado!

No início de 95, finalmente, nos mudamos para a nossa Base Missionária.

Éramos, agora 7 brasileiros e 4 moçambicanos, pois Neto, Wagner e Rosana já haviam saído da equipe, e Elias tinha se mudado para a cidade de

Beira, após o casamento com Debbie, uma missionária inglesa que vivia naquela cidade.

**Base da JOCUM construída por Roberto, Célia e sua equipe: Neto, Elias, Lígia, Lúcia e Luzia. (Dondo-Moçambique, 1995)**

Lúcia havia feito um treinamento em um hospital local e se especializara na área de tratamento da malária.

Com muita oração e ajuda de pessoas amigas, conseguiu montar um pequeno laboratório na Base, onde ficou atendendo a toda a comunidade, fazendo testes e distribuindo medicamentos.

Equipe da JOCUM, em Dondo-Moçambique, 1992

Nesse mesmo ano, realizamos nossa primeira ETED-Escola de Treinamento e Discipulado em Dondo, Moçambique.

Tivemos muita oposição por parte de nossa liderança nacional, mas, como sempre, eu sabia que aquela era a vontade de Deus, por isso, perseverei nela.

Tínhamos apenas 7 alunos, mas aquela sensação de vitória, de ver um sonho se realizando era muito nova para nós!

Afinal, nosso propósito, quando saímos de nosso país para servir a Jesus em outro país, era fazer discípulos! E era isso o que, finalmente, nós estávamos fazendo!

1ª turma de formandos da ETED, em Dondo, Moçambique.

Foi também nesse ano que fiquei grávida do Lucas, nosso segundo filho. Thaís tinha dois anos e já tinha tido malária mais de 10 vezes, assim como nós, por causa da chuva que havia voltado a cair naquele país. E com as chuvas, veio a proliferação do mosquito e o aumento da malária. E, com ela, muitos óbitos e sofrimentos.

Mas apesar das lutas que enfrentávamos, Deus estava sempre fazendo um milagre novo em nossas vidas.

# Capítulo 18

## A construção do orfanato

*"Como é bom, Senhor, depender de Ti*
*para tudo!"*

O número de crianças no orfanato já era 25. Elas viviam em uma pequena casa, numa chácara alugada e, por isso, nós orávamos constantemente para o Senhor prover finanças para construirmos uma casa maior e melhor para nossas crianças e acolher outras que chegassem.

Foi quando um amigo nosso sugeriu que escrevêssemos para a Embaixada do Canadá, em Maputo, pois eles tinham um fundo para ajudar Moçambique a se reerguer, mediante pequenos projetos aprovados. Mas como escrever em inglês, se meu inglês, naquele tempo, ainda era tão limitado?

Sentei-me, então, diante de uma folha de papel, e pus-me a orar: "Senhor, foste Tu que criaste todas as línguas; agora preciso que o Senhor me dirija e me permita escrever uma carta em inglês para a Embaixada do Canadá e que ela sirva para realizar o propósito para o qual ela está sendo escrita!"

Escrevi a carta, dei a uma missionária inglesa para corrigir os erros e coloquei-a no correio. E ficamos todos ali, com o pensamento em oração, para que nossa carta fosse lida e considerada.

Alguns meses depois, apareceu um senhor na Base nos procurando, com um português bem difícil de entender. Vimos logo que ele não era dali e o convidamos a entrar. Ele disse que era da Embaixada do Canadá e que a equipe dele se interessara muito por nosso projeto. Por isso, ele tinha ido até lá, para conhecer melhor nosso trabalho.

Quase não acreditamos quando ouvimos aquilo. Imediatamente, nós o levamos até o orfanato e quando ele viu nossas dificuldades de perto, ficou muito interessado em nos ajudar.

Mas havia um problema: eles só apoiavam projetos com até 5.000 dólares. E o nosso, contando só com a construção da casa, era de 25.000 dólares!

Mas Daniel ficou tão interessado em nosso trabalho (não resta dúvida de que Deus estava trabalhando por nós!) que se comprometeu a falar com o grupo na próxima reunião, pedindo que aumentassem a ajuda para o orfanato.

Aquele foi um mês de jejum e oração para todos na Base. Nos reuníamos pela manhã e à tarde, colocando aquelas pessoas diante de Deus e declarando a vitória em Nome de Jesus!

Algum tempo depois, Daniel nos ligou, dizendo que em breve iria depositar a metade do dinheiro, e pedindo que, depois que utilizássemos esse dinheiro e enviássemos a prestação de contas, ele iria depositar o restante.

Que alegria foi poder iniciar a construção do Orfanato, dentro dos limites da JOCUM e ver aquela construção ganhando forma dia após dia!

Ter nossas orações respondidas sempre nos faz mais fortes e reanimados. Escrevemos aquela carta em inglês, com a maior simplicidade e o Senhor se encarregou de fazer o restante.

Nesses momentos, eu paro e vejo que muitas vezes somos nós quem atrapalhamos o agir de Deus em nossas vidas. Se eu tivesse me escondido através do fato de que eu não sabia inglês e não escrevesse aquela carta, não teríamos recebido aquela ajuda!

Como é bom, Senhor, depender de Ti para tudo, até mesmo para escrever uma carta em inglês!

O ano de 95 foi marcado pelo início da construção do orfanato e também pelos constantes problemas de relacionamento que passamos a ter com uma certa pessoa, que parecia estar totalmente decidida a deixar que o inimigo o usasse para acabar com a nossa paz!

Eu estava grávida de Lucas e minhas emoções eram constantemente abaladas, por causa daquele irmão. Lembro-me de que, por três vezes, eu tive uma crise de nervos muito séria, que me levava a gritos de desespero e deixava meu marido e toda a equipe apavorados.

Roberto sempre foi um amor de pessoa, calmo, tranquilo, que preferia sofrer a fazer alguém sofrer, e como as investidas daquela pessoa eram contra ele, aquilo acabava comigo! Como me doía ver meu marido chorar, diante de Deus, pedindo ao Senhor ajuda para suportar aquelas provas, perguntando a Deus em que havia errado!

Aquilo me consumia e meu desejo era desaparecer junto com meu marido e minha filha daquele lugar, mas todas as vezes que orava, Deus dizia que ainda não era o momento de sairmos.

Planejávamos ir ao Brasil, pois a construção da Base, do Orfanato, o início da Escola de Treinamento e a gravidez, tudo estava contribuindo para um cansaço terrível. E ainda por cima, tinha aquele problema de relacionamento!

Eu sempre odiei ter problemas com quem quer que fosse. Se falo ou faço algo que magoa alguém, à noite não consigo dormir. Fico me virando na cama, pensando no que aconteceu e lá se vai toda a noite.

E era assim que estávamos vivendo naqueles dias. Um clima ruim pairava entre nós e sempre vinham mais ataques! Toda a equipe sofria, pois abalava a todos, e nós, como líderes, sentíamos todo o peso espiritual.

O diabo sempre investe com toda a sua força para frear ou acabar com a obra de Deus e, quando nos atinge, ele consegue seu objetivo. Por isso que naqueles dias, eu orava ainda mais, fosse debaixo dos pés de caju, debaixo dos coqueiros, em equipe ou sozinha, eu estava sempre clamando a Deus. E a oração, como sempre, nos mantinha fortes e corajosos, apesar de tudo!

Alguns dias depois, soubemos do falecimento de um irmão brasileiro, que tinha vindo ajudar outro missionário no seu ministério. Ele estava morando justamente com aquela pessoa que estava nos causando problemas. Quando ficamos sabendo que a morte dele tinha sido causada pela malária, ficamos muito abalados, pois embora seja uma doença grave, dificilmente a malária mata alguém, se for tratada de forma certa. Mas aquela pessoa nada fez para ajudar o irmão e deixou que ele morresse assim, dentro de sua casa, sem nenhuma assistência.

Mais uma vez, Deus nos fortaleceu e aquele episódio também foi deixado para trás. Afinal, a vida não para e nós não podíamos parar também!

Quando eu estava no oitavo mês de gravidez de Lucas, apanhei a maldita malária novamente. Meu corpo ardia em febre, mas todas as vezes que eu pegava o comprimido para tomar, algo me impedia de fazê-lo. Tentei 3 vezes, mas não consegui.

À noite, seria dia de culto na Base e todos os missionários iriam para louvar a Deus. Quando Roberto me viu, tremendo de frio, disse que era melhor eu não ir, pois estava com muita febre.

Mas eu não queria ficar ali, queria ir louvar a Deus! Por isso, enrolei-me no cobertor e fui. Durante o louvor, todos começaram a cantar esta canção:
*"O Espírito de Deus está aqui, operando em nossos corações, trazendo sua vida e poder, ministrando sua graça e amor.*
*Os feridos de alma são curados, os cativos e oprimidos livres são; os enfermos e doentes são sarados, pois o Espírito de Deus está aqui!"*

Ouvi claramente o Senhor me perguntar: *"Você acredita nisso que estão cantando?"*

Na verdade, eu nem conseguia cantar de tanto frio. Estava batendo os dentes, enrolada nas cobertas, mas eu sentia que estava no lugar certo, pois é no meio dos louvores que Deus habita.

Pensei um pouco na pergunta que Deus me fizera e respondi: "Sim, eu creio!"

"*Então toma posse!*", disse o Senhor!

Então eu comecei a declarar que Deus estava ali para me curar e tomei posse da cura em Nome de Jesus! Não demorou 5 minutos e eu já comecei a sentir um calor enorme. Joguei as cobertas de lado, pois a febre tinha ido embora, e louvei ao Meu Deus com mais força e disposição.

Não tomei o medicamento de malária nem aquela noite nem no dia seguinte, pois nem precisei. Eu tinha sido totalmente curada pelo Senhor!

Lúcia, a missionária responsável pelos testes de malária da Base, não aceitou o fato de que eu tinha ficado curada sem tomar medicamentos e, por isso, fez testes de malária em mim durante 3 dias consecutivos, até ter a plena certeza de que não havia nenhum parasita em minha corrente sanguínea.

Hoje, olhando para trás, vejo que Deus estava protegendo o nosso filho Lucas, pois aquele remédio era abortivo, eu estava no oitavo mês de gravidez, e meu filho poderia nascer fora do tempo. E naquelas condições em que vivíamos em Moçambique, aquilo não seria nada bom!

Mas Deus nos capacitou para atravessar aqueles dias difíceis e, finalmente em julho, nasceu nosso filho Lucas, lindo e saudável, para glória do Senhor, que não permitiu que todos aqueles problemas causassem mal a ele! Tive Lucas em casa, com uma parteira me assistindo, e o parto foi bem melhor do que o de Thaís, graças a Deus!

Em fins de 95, a saudade e a vontade de voltar ao Brasil aumentavam cada vez mais, mas ainda não era o tempo de Deus. Por isso, ficamos mais um ano sem sair da Base e finalmente, conseguimos terminar a construção do Orfanato!

**Orfanato construído em Dondo-Moçambique, 1995)**

Em seguida, comecei a trabalhar num Projeto para enviar à Holanda, a fim de conseguirmos dinheiro para comprar móveis e um carro para o Orfanato. Deus nos abençoou através de Nigel, um querido missionário que nos ajudou a montar e traduzir o Projeto para o inglês, depois fez os contatos e enviou-o para uma rede de televisão na Holanda que, por sua vez, lançou o nosso Projeto com as filmagens das crianças e suas tristes estórias da guerra. Desse modo, conseguimos uma abençoada quantia, que foi destinada ao Orfanato.

# Capítulo 19

## A descoberta do câncer

*"Deus não nos livra da fornalha, mas entra conosco nela."*

Finalmente, chegou o ano de 96 e, então, começamos a nos preparar, seriamente, para regressar ao Brasil.

Seria um momento de alívio para nós, pois aqueles dois últimos anos tinham sido muito difíceis para mim e Roberto. Nem os problemas de adaptação que tivemos com a chegada nem as várias vezes que contraí malária haviam sido tão duros quanto aqueles dois últimos anos. Por isso, poder ir para o Brasil descansar e renovar as forças era uma benção.

Mas em junho, apenas um mês após nossa chegada ao Brasil, a mãe de Roberto faleceu. Foi, realmente, difícil, mas, ao mesmo tempo, louvamos a Deus, pois Ele permitiu que Roberto ainda tivesse um tempo com a mãe, antes da morte dela.

Como nosso plano era ficar, definitivamente, no Brasil, após seis meses descansando e matando as saudades da família, fomos para Vitória, ajudar um amigo nosso no seu projeto de restauração de vidas. Pessoas que estavam envolvidas com drogas e bebidas e sentiam o desejo de mudar de vida!

Pensávamos que era isso o que Deus queria que fizéssemos, mas após alguns meses, vimos que não era isso e começamos a cuidar de algumas crianças e adolescentes que chegavam à procura de ajuda, envolvidos em pequenos delitos como roubo e venda de drogas. Eram ainda tão jovens, mas com uma estória tão grande de promiscuidade!

Imediatamente, sentimos o desejo de cuidar daqueles pobres pequenos desertores e, assim, em janeiro de 1997, começamos a fazer algo totalmente novo, trabalhando com aqueles menores infratores e orando para que Deus os transformasse.

Sempre que estou fazendo algo para Deus, minha oração é para que Ele me capacite para o trabalho e que me permita ver o fruto daquilo que está sendo feito. E louvo ao meu Deus, pois Ele sempre tem me dado o privilégio de servi-lO com todo o meu coração e de contemplar o agir dEle em minha vida, ao longo desses anos.

Cuidar daqueles oito meninos foi uma escola inesquecível para Roberto e para mim, pois nada do que havíamos feito, até então, nos preparara para uma obra tão especial.

Roberto já havia trabalhado por dois anos em uma casa de recuperação de adultos, no mesmo local onde ele próprio havia se recuperado das drogas. Mas entre adultos e crianças há uma grande diferença, e, mais uma vez, vimos o quanto precisávamos do Senhor para nos capacitar!

Lembro-me de um adolescente de 16 anos, que chegou ao Centro com problemas no nariz de tanto cheirar cocaína. Quando perguntamos se ele apenas repassava a droga ou também fazia uso dela, ele respondeu: "Não, eu só repasso!"

Mas mesmo vendo que ele estava mentindo, nós o aceitamos no Centro. E qual não foi nossa surpresa ao ver o crescimento daquele adolescente e a sua grande vontade de ficar liberto de todo aquele passado doloroso! Como é gratificante ser útil e poder abençoar vidas com as nossas vidas!

Após 8 meses naquele ministério, conseguimos recuperar oito adolescentes. Eles foram reintegrados na vida familiar, voltaram a estudar e passaram a frequentar uma igreja.

Foi então que percebemos que Deus tinha outros planos para nossas vidas e, para sabermos com clareza do que se tratava, começamos um jejum. Logo, tivemos a certeza de que deveríamos voltar para a África, pois era lá que Deus nos queria novamente!

Pensar em voltar para a África me deu uma dor no coração, pois me fez relembrar todo o sofrimento que havia passado naqueles 6 anos ali. Ao mesmo tempo, eu sentia uma alegria por saber que ainda éramos necessários naquele continente, que Deus ainda contava conosco para servi-lO e glorificá-lO.

Uma tarde, retirei-me para orar e lembro-me de ter dito: "Senhor, se Tu queres que voltemos, nós iremos Te obedecer, mas por misericórdia, afasta todo o sofrimento e nos dê um tempo mais abençoado!"

Em julho de 97, iniciamos nossas viagens pelo Brasil, a fim de conseguirmos sustento para voltarmos e dinheiro para as passagens. Agora éramos quatro pessoas e não apenas duas, como antes.

Através dessas nossas viagens, acabamos indo parar na cidade de Salvador, Bahia. Lá ficamos na Base da JOCUM, que era liderada pelo nosso amigo

Mick da Silva e de lá, começamos a fazer contatos para conseguir igrejas que estivessem dispostas a nos adotar como seus missionários, enviando-nos, mensalmente, uma quantia.

Foi uma tarefa muito cansativa de conseguir parceiros e mantenedores! Nós amamos servir ao Senhor e, para nós, é um prazer estarmos 100% comprometidos com o Ide de Jesus. Mas, sem dúvida nenhuma, a parte mais difícil é a financeira, pois infelizmente, nem todos entendem o propósito de Deus para a vida do missionário e muitos se recusam a se envolver!

Felizmente, agora já não temos mais esse tipo de problemas, pois após tantos anos na África, nosso trabalho já é reconhecido e muito bem apoiado, graças a Deus. Mas naquela época, mesmo depois de termos servido por 6 anos em Moçambique, era muito difícil conseguir igrejas que abraçassem nossa causa e se dispusessem a nos ajudar financeiramente.

Como sempre, oração e jejum eram as minhas armas de conquista, pois era através delas que Deus manifestava o seu cuidado e me fazia transpor os desafios e conquistar grandes coisas.

Mas o pior ainda estava por vir....

Em outubro, fui pregar em uma igreja Presbiteriana e Roberto, numa igreja Batista. Eu havia combinado, com um casal de irmãos, que ao final da pregação, eles me levassem para encontrar com Roberto, e de lá, iríamos juntos para a JOCUM.

No trajeto para a igreja, a esposa deste irmão, que era um médico cirurgião, me perguntou:

- Missionária, a irmã disse que teve seus dois filhos em casa, com a ajuda de uma parteira, não foi?

Respondi que sim e ela disse:

- Que coragem, meu Deus! Mas a senhora já fez algum exame ginecológico depois disso?

Olhei para ela e disse:

- Não, minha irmã, não fiz nenhum exame ainda. Aliás, eu só fui ao ginecologista pra fazer o meu pré-nupcial e nunca mais, desde então, pois sempre que estamos no Brasil é uma correria danada, e como não temos plano de saúde, tenho preguiça de ir para a fila esperar, por isso, não vou.

Ela então me disse que conhecia um casal de amigos ginecologistas e perguntou se poderia marcar uma consulta para mim.

- Claro, será muito bom! – respondi.

Eu não sei por que Deus nos permite passar por certos momentos em nossas vidas, se estamos tão comprometidos com Ele e Seu Reino. No entanto, eu tenho certeza de que Ele nunca nos permite passar por momentos difíceis sem nos capacitar para eles e ficar bem juntinho de nós!

Existe até uma frase famosa sobre isso que diz: *"Deus não nos livra da fornalha, mas entra conosco nela."*

E Ele faz isso, para mostrar o Seu poder e o Seu amor para com as nossas vidas, pois pensamos que somos tão fortes quando, na verdade, não somos! Somos mesmo frágeis, vasos de barro nas mãos do Oleiro, susceptíveis a fracassos, frustrações, decepções, dores, lamentações, enfim, nada somos, sem a graça de Deus em nós e por nós!

E assim, fui a tal clínica fazer um exame ginecológico que eu imaginava que seria uma coisa simples e comum, mas logo descobriria que não era!

Após me examinar, a doutora constatou que havia uma pequena ferida no colo vaginal que, segundo ela, já estava mudando de uma fase inicial para algo mais sério. Só que ela não poderia me dizer, ao certo, a gravidade do problema, antes de ver o resultado da biópsia, que deveria ser feita com o marido dela.

Marcamos, então, o dia que eu deveria regressar para colher o material e levar para ser analisado por um laboratório. Até então, eu ainda não havia me dado conta do problema que eu estava enfrentando. Acreditava que não haveria de ser nada sério e que Deus haveria de me livrar mais uma vez!

Fiz a biópsia e depois de colher o material, o doutor me pediu para conversar comigo:

- Então, a irmã é missionária na África? Há quanto tempo?

– Seis anos! - respondi!

- E como é sua vida, sua missão?

Respondi-lhe que tínhamos a convicção de um chamado de Deus para nossas vidas e que Ele nos protegeria e nos supriria de todas as necessidades.

Ele, então, me disse:

- Eu não concordo muito com esse tipo de trabalho, veja: possivelmente você está com câncer no colo do útero. Ainda estamos esperando os resultados da biópsia, mas quero, desde já, lhe adiantar nossas suspeitas. E aí, como você vai fazer, sendo missionária, se você for precisar se tratar, fazer uma cirurgia?

Naquele momento, me senti tão pequena, tão sem valor! Foi como se um balde de água fria tivesse sido jogado contra meu rosto, querendo me despertar para uma realidade que eu não queria viver!

"Eu, com câncer? Não pode ser! O resultado da biópsia será negativo, precisa ser!", orei em silêncio.

Olhei para o médico e, simplesmente, disse-lhe:

- Doutor, eu concordo com o que o senhor está dizendo. Realmente é difícil viver pela fé e, para muitos, é até loucura. Mas nós vivemos assim e eu acredito no meu Deus e sei que Ele não vai me desamparar. Se eu tiver que passar por uma cirurgia, Ele abrirá as portas ou poderá, também, me curar, simplesmente. Minha vida está nas mãos Dele e Ele decidirá o que for melhor para mim. Viver ou morrer, tudo é lucro, quando se tem a Cristo!

Fui para casa naquele dia com o coração nas mãos, me sentindo desamparada e inferiorizada. Mesmo lutando contra esses sentimentos, eu era humana e, por isso, era normal sentir medo, frustração e desamparo em momentos como aquele.

Quando cheguei em casa, me retirei para um local tranquilo, embaixo de uma árvore para orar. Eu precisava falar com Deus, precisava deixá-Lo a par do torvelinho de emoções em que me encontrava naquele momento! Enquanto orava, eu O ouvi dizer-me, naquela sua voz calma e tranquila que eu conhecia tão bem:

*"Não temas, que eu te remi, chamei-te pelo teu nome, tu és minha! Quando passares pelas águas, estarei contigo, quando passares pelos rios, eles não te submergirão e quando*

*passares pelo fogo, a chama não arderá em ti, por que Eu Sou o Senhor Teu Deus!" (Is. 43:1-2)*

Lembrar disso, ainda hoje, me faz chorar, pela certeza de que, *"desde a antiguidade nem olho viu, nem ouvidos ouviram, nem subiu ao coração do homem Deus semelhante a Ti, que trabalha para aqueles que em Ti esperam." (Is. 64:4)*

Após aqueles momentos orando e ouvindo a voz de meu Pai, me senti mais forte e preparada para enfrentar o que viria pela frente.

No dia marcado, voltei ao hospital para saber o resultado da biópsia e, mesmo tendo me preparado para o pior, me senti um tanto abalada, mas não desesperada. Eu sabia em quem eu acreditava, sabia a quem eu pertencia e sabia que Ele era poderoso para fazer superabundar em mim as Suas bênçãos!

Quando saí do consultório, Roberto me esperava fora. Não tinha tido coragem para entrar, pois aquilo tudo doía mais nele do que em mim!

- Deu positivo, eu estou com câncer no colo do útero! – disse a ele, com os olhos cheios de lágrimas.

Só pude ver as lágrimas descendo sobre a face do meu querido marido e, naquele momento, não tive voz para pronunciar nenhuma palavra!

Retornamos para a Missão em silêncio, sem coragem de dizer qualquer coisa que fosse. Os irmãos da JOCUM me esperavam ansiosos, pois naqueles dias, todos estiveram orando por mim e para que o resultado da biópsia fosse negativo.

Quando cheguei, olhei para eles e disse:

- Deu positivo, estou com câncer no colo do útero! Agora é orar para que Deus cuide do resto!

Depois disso, fui para meu lugar de oração, buscar, mais uma vez, força e coragem no meu Deus! Fiquei ali por algum tempo, em silêncio, pensando em tudo o que estava acontecendo comigo, naquela triste experiência que eu estava vivendo e, de repente, comecei a falar com meu Pai:

"Senhor, eu sei que minha vida está em Tuas mãos e que nunca o Senhor me desamparou, meu Pai! Não sei por que o Senhor me permitiu ter esta doença, pois meu desejo, desde o momento que te conheci, foi viver para fazer a Tua Vontade, e agora estou com esse problema! Tu sabes que não tenho plano de saúde, que não tenho dinheiro, mas eu tenho a Ti, e isso me basta! Por isso, Senhor, coloco tudo nas Tuas mãos, para que Tu abras as portas que precisam ser abertas, para que eu faça esse tratamento, ou então me cure, se assim o Senhor decidir!

Chorei muito após aquela oração, mas não foi um pranto de medo ou desespero, mas de vitória, com a certeza de que meu Pai estava ali comigo.

Eu até podia sentir Seu abraço, podia ouvir Sua voz falando comigo e me dizendo o quanto eu era preciosa e amada por Ele, e aquilo me fez ver que não importava o tamanho do problema que estava vivendo, mas sim, o tamanho do meu Deus.

E todo o resto era com Ele!...

## Capítulo 20

## As portas se abrindo

*"Somos nós quem decidimos por quanto tempo um deserto dura em nossas vidas."*

No domingo seguinte ao resultado da biópsia, Roberto foi convidado a pregar em uma igreja Presbiteriana e compartilhou com a igreja todo o drama que estávamos vivendo!

Incrível como Deus prepara tudo para seus filhos!

Ao final do culto, o pastor daquela igreja foi até Roberto e lhe disse que havia uma doutora na igreja, que trabalhava no hospital Aristides Maltez, um hospital totalmente envolvido com o tratamento do câncer, e nos deu o telefone, para que falássemos diretamente com ela!

Quando Roberto chegou em casa com o número daquele telefone, vi que ali era o começo do que Deus iria fazer por mim!

E foi mesmo. Aquela médica nos ajudou com toda a preparação para a cirurgia. Fiz todos os exames médicos, sem precisar ficar em fila, e ainda consegui ser agendada para fazer a operação mais brevemente, o que não era normal ali, pois havia pessoas esperando meses para serem operadas!

Meu Deus estava à minha frente, preparando todo o caminho pelo qual eu teria que andar.

Em dezembro de 97, chegou o dia da cirurgia. Enquanto a doutora e sua ajudante me operavam, eu conversava tranquilamente com elas, dizendo: "Doutora, me opera direitinho para tudo correr bem, pois daqui a dois meses quero voltar para a África!"

Ela olhou para mim e disse:

- Dois meses? Mas isso é muito pouco tempo, você terá que vir fazer revisão, para ver se tudo está bem! Mas, vamos ver! Você teve sorte de conseguir descobrir um câncer na fase inicial. São poucas as mulheres que não têm costume de fazer preventivo e conseguem descobrir o câncer no início. Foi muita sorte mesmo!

Célia, após a cirurgia.

- Não, doutora, não foi sorte! – respondi - Foi o Deus a quem eu sirvo que me preservou e não me deixou voltar para a África antes de descobrir essa doença, porque se tivéssemos voltado, eu não iria procurar médico lá, e aí, essa doença iria se alastrar pelo meu corpo até a morte!

Ela olhou para mim por um instante e disse:

- É verdade, você deve ser mesmo muito especial para Deus!

A fase de recuperação da cirurgia transcorreu tranquilamente e, em uma semana, eu já podia andar devagarzinho. Estava agora bem mais aliviada e tranquila, pois todo aquele pesadelo havia passado e eu já podia planejar minha vida novamente.

Tudo aquilo só servira para que eu me aproximasse ainda mais de Deus.

Lembro-me muito do que nosso amigo Mick, o líder da Base, me disse:

- Célia, fiquei impressionado com a maneira como você reagiu a tudo isso. Outro, em seu lugar, estaria chorando, desesperado, mas você não, você demonstrou uma maturidade e confiança em Deus que me impressionaram! E sei que Deus ficou muito feliz com você, com sua fé e confiança Nele!

Mais uma vez, eu vi que o importante não é o que a gente passa, mas como a gente passa! Sempre acreditei que somos nós quem decidimos por quanto tempo um deserto dura em nossas vidas, pois nosso coração e nossas atitudes, em momentos de crise e provação, é quem irá revelar para Deus e para nós mesmos, quanto tempo durará aquela prova!

Como eu prefiro que passe bem rápido, procuro guardar meu coração contra a lamentação, a incredulidade e o medo.

Em janeiro de 98, fui fazer a revisão e a médica disse que eu já estava bem para viajar! Havíamos conseguido parte das passagens com o nosso amigo, Edson Vargas, e o restante com o Pr. Daniel Felipe. Nosso plano, era ficar em Johannesburg, na África do Sul, e abrir, ali, uma Base da Missão JOCUM, pois sendo uma cidade central, poderia se tornar um local estratégico para apoiar os missionários que estivessem chegando para trabalhar naquele continente.

Mas esses eram nossos planos e não, os planos de Deus para nós...

## Capítulo 21

---

## Enfrentando o medo

*"Por que você disse que estava com medo? Eu não tenho lhe dado espírito de medo, mas de coragem!*

Faltavam apenas dois dias para viajarmos e eis que Roberto chega em casa com uma notícia bem triste! Ele havia ido a uma reunião de liderança, presidida pelo saudoso Pr. Daniel Felipe, na igreja Assembleia de Deus de Vitória. Esta igreja estava nos dando um suporte maior naqueles dias, e, depois, tornou-se a nossa fiel mantenedora.

Roberto chegou dizendo que sentira de Deus que deveríamos voltar para Moçambique e não, ficar na África do Sul, como havíamos planejado!

Aquilo me chateou bem, pois sou aquele tipo de pessoa que gosta de planejar sua vida e, quando planejo algo, gosto de ver acontecendo daquela maneira. Por isso, ter que mudar os planos todos assim, faltando apenas dois dias para a viagem, me deixou brava. Mas fui orar e pedir a Deus que colocasse paz em meu coração e me ajudasse a entender o porquê daquela mudança.

Entender a mudança só seria possível algum tempo depois, mas graças a Deus, nosso tempo está nas mãos Dele e tudo o que Ele faz é perfeito!

Em março de 98, depois de quase dois anos no Brasil, chegamos novamente a Moçambique, levando conosco Thaís, de cinco anos, e Lucas, com quase 3!

Não tínhamos nada novamente, nem casa, nem móveis e teríamos que começar tudo outra vez.

Mas Luzia, a nova líder da JOCUM, havia conseguido alugar uma casa para nós, na vila do Dondo, que já tinha alguns móveis, o que foi uma benção! Havíamos guardado uma pequena televisão que tínhamos e compramos uma jarra de ferver água e um ferro de passar roupa. Todo o resto não era nosso, pertencia a esta casa que estávamos alugando!

Uma semana depois que havíamos chegado, Roberto teve um problema sério na coluna e ficou sem conseguir andar direito, por causa das dores!

Como o colchão da cama era de mola, bem antigo, isso piorava ainda mais as dores, por isso, ele preferia se deitar no chão para dormir!

Nesse mesmo período, Thaís e Lucas tiveram malária. Não entendemos como aquilo fora possível, pois normalmente o parasita fica incubado e a doença só se manifesta 10 ou 15 dias depois. E só tinha uma semana que nós havíamos chegado.

Oh, meu Deus! – pensei – Será que terei que passar por isso tudo outra vez?

Numa noite de sábado, vendo meu marido deitado ali, naquele chão, cheio de dores, e meus filhos comigo na cama, ardendo em febre e com dores por todo o corpo, não consegui dormir.

Comecei a chorar baixinho, para que Roberto não me ouvisse, pois não queria trazer mais sofrimento para ele! Eu sabia o quanto ele nos amava e me ver chorando, mexia com as emoções dele! Eu sentia o terror do mundo espiritual naquele lugar, a opressão, o inferno investindo pesado contra nós, mais uma vez, para nos fazer desistir dos planos de Deus e do nosso ministério na África! Senti minhas lágrimas escorrendo pelo rosto e balbuciei, em pensamento: "Senhor, estou com medo!"

Era isso mesmo que eu sentia naquele momento: medo, muito medo! Medo por não estar no lugar de Deus para nós e medo por ver minha família toda sofrendo. Mas não podia falar isso em voz alta! Mas em meu espírito foi tudo o que consegui dizer para Deus, naquela noite.

Na manhã seguinte, após dar os remédios de malária para meus filhos, fui à cozinha colocar feijão para cozinhar, ainda com aquele vazio no coração, aquele mesmo desejo de desaparecer daquele lugar com minha família!

Enquanto separava o feijão, comecei a orar e falar em mistérios com Deus, como se Ele não me permitisse falar na minha própria língua, para evitar que nosso diálogo fosse interrompido por forças contrárias. De repente, senti uma dor forte no meu lado esquerdo, como se alguém tivesse enfiado uma faca em minha costela. Foi uma dor tão insuportável, que eu coloquei minha mão sobre a costela e me inclinei para frente, agonizando! Nesse momento, senti o Espírito Santo me dizendo: *"Repreenda, pois você* acabou de receber um dardo do maligno, para lhe impedir de ouvir o que tenho para lhe dizer."

Revestindo-me de toda a autoridade, gritei: "Em nome de Jesus, Satanás, retira-te daqui, pois meu Pai quer falar comigo e eu O ouvirei".

No mesmo instante, a dor passou e eu continuei a falar em línguas, sentindo que o meu Senhor estava ali, pois aquela cozinha foi invadida por uma paz enorme. Eu estava cheia da presença do meu Deus!

É maravilhosa a certeza de que Ele caminha conosco e que as palavras *"Eis que estou convosco todos os dias, até a consumação dos séculos"*, proferidas pelo Senhor Jesus, não existem somente nas páginas da Bíblia. Elas são reais e se cumprem todos os dias, quando buscamos fazer a Sua Vontade e mantemos comunhão com Ele!

Dirigi-me à sala e me ajoelhei, enquanto falava em outras línguas e o Espírito Santo interpretava para mim o que Deus dizia:

*"Por que você disse que estava com medo? Eu não tenho lhe dado espírito de medo, mas de coragem! Eu estou com vocês, e grande é a obra que tenho entregado em suas mãos para fazer! Vocês terão uma grande Missão na África, uma missão que irá preparar africanos para me servir neste continente. Não temas, eu te esforço e te ajudo, eu estou com vocês! Nunca digas que estás com medo, pois contigo estarei sempre! A mesma unção que coloquei sobre Josué para introduzir meu povo na terra prometida tenho colocado sobre vocês, para introduzir africanos no meu Reino, e muitos me conhecerão através de vocês!"*

Naquele momento, abri a Bíblia e o Senhor me fez meditar nos primeiros versículos do livro de Josué. Depois, comecei a chorar, pedindo perdão a Deus e me lembrando das tantas vezes no passado em que Ele estivera ao meu lado, me livrando, me curando, suprindo minhas necessidades!

Então, um sentimento de arrependimento tomou conta de mim. Pedi ao Senhor que me perdoasse por minha fraqueza, pois eu não tinha nenhum motivo para temer, pois o Todo-Poderoso estava comigo para entrar, para sair, para guerrear e me entregar a vitória!

Levantei-me daquele chão, me sentindo uma outra mulher, com muito mais coragem e fé! Fui até meu marido, ungi-o e abençoei-o, e fiz o mesmo em meus filhos, declarando que todo o plano do diabo de trazer frustração e de querer nos impedir de fazer a vontade do Nosso Deus estava desfeito e que o Nome do Senhor Jesus seria grandemente exaltado, através de nossas vidas e do nosso ministério na África!

Imediatamente, senti aquela opressão indo embora e uma paz nova chegando àquela casa!

Uma semana depois daquele sofrimento, nossa vida voltou ao normal. Thaís e Lucas ficaram bons, Roberto voltou a caminhar normalmente e nós recomeçamos a planejar nossa vida.

Muitas lutas ainda viriam, pois Satanás não cruza os braços, nem cessa fogo, mas nossa fé estava mais fortalecida, a partir de então!

Enquanto Roberto estava deitado, Deus havia partilhado com ele a ideia de iniciar um ministério de implantação de igrejas, onde treinaríamos nossos obreiros dentro da Palavra de Deus e exigiríamos deles um compromisso maior com Deus e com a Sua Palavra.

Afinal, já tínhamos percebido que todo o trabalho que havíamos feito com a liderança da igreja local não tinha surtido nenhum efeito para o Reino de Deus, pois víamos pastores abandonando suas esposas e indo viver com outra mulher mais jovem, crentes indo à igreja e ao curandeiro ao mesmo tempo, jovens se prostituindo sem nenhuma disciplina ou punição por parte dos pastores, etc.

Tudo isso só nos provara que estar envolvido em um ministério, sem ter a devida autoridade para tomar decisões e corrigir os erros, era muito difícil. Era preciso mudar.

Com esse desafio em nossos corações, iniciamos, no dia 5 de abril de 1998, nosso primeiro encontro da Igreja Evangélica Missionária em Moçambique, na garagem de nossa casa, com apenas 3 pessoas, sem imaginar, sequer, que aquele trabalho iria crescer e se tornar uma grande benção para o povo africano!

Como não tínhamos carros, ocupamos nossa garagem com almas. À medida que o Senhor ia acrescentando almas, a nossa igreja ia crescendo.

Em dois meses, o espaço já tinha se tornado pequeno e, por isso, vimos a necessidade de comprar um terreno ali mesmo na vila, para construir a nossa igreja.

Mas pouco tempo depois, sofremos mais um ataque do inimigo. Um ladrão conseguiu entrar em nossa casa e acabou roubando o pouco que tínhamos!

Aquela situação foi muito dolorosa para nós, pois os móveis que pertenciam à casa e as únicas coisas que possuíamos haviam sido roubadas.

Ficamos alguns dias tentando encontrar os ladrões, mas tudo em vão. Recuperamo-nos do choque e voltamos à nossa vida normal, só que agora ainda mais pobres do que antes! Mas espiritualmente felizes, pois sabíamos que estávamos sofrendo retaliações do adversário, porque estávamos fazendo a vontade de Deus!

Começamos, então, a orar, pedindo a Deus condições para comprarmos um terreno.

Conseguir o terreno até que foi fácil, pois nossos irmãos do Brasil nos ajudaram com os 500 dólares que teríamos que pagar.

Construímos, então, um salão de tábuas de madeira, algo provisório, até que tivéssemos condições, finalmente, de fazer os tijolos e iniciarmos a construção do Templo Sede em Moçambique!

E como era gostoso ver Deus agindo em nossas vidas e através delas! Ver as pessoas chegando e sendo abençoadas e vidas sendo transformadas! Estávamos muito gratos a Deus por tudo aquilo e nossos sonhos para o povo africano estavam apenas começando!

Nossa pequena congregação já estava assustando as igrejas existentes naquela vila, pois cantávamos em português e isso atraía muitos jovens que logo começaram a se destacar na liderança, aprendendo a tocar violão e crescendo no conhecimento da Palavra de Deus, que era o nosso grande alvo ministerial!

Construção da primeira igreja de madeira em Dondo-Moçambique (1998)

Mas parece que o inimigo nunca está satisfeito, pois quando ele vê que está perdendo campo, ele investe tudo o que pode contra nós.

E assim, as lutas contra nós começaram...

Recebemos um comunicado da Prefeitura de Dondo, dizendo que tínhamos três dias para desmanchar a construção de alvenaria que havíamos iniciado! Não entendemos aquela mensagem, pois já havíamos começado a construção há algum tempo e a igreja já estava mais da metade pronta.

Havíamos feito tudo certo no governo, pagado a licença, apresentado a planta e, em breve, iríamos colocar as vigas e cobrir.

Estávamos tão felizes por ver o avanço da obra e lá vinha aquele comunicado! Sentimos o chão fugir debaixo de nossos pés, pois tínhamos chegado até ali com muita dificuldade. Chegamos até a tirar do nosso sustento para fazer os tijolos e pensar em desmanchar aquilo tudo, doeu muito.

Tentamos conversar com os responsáveis pela cidade, oramos, jejuamos, choramos, mas nada acontecia, eles estavam irredutíveis!

Hoje entendemos que o crescimento rápido de nossa igreja provocou muitos ciúmes em muitas pessoas que se diziam crentes e pastores naquela cidade, e por isso, todos se uniram contra nós.

Eram falsos mestres, mentirosos, enganadores, pessoas que não queriam conhecer a verdade e se valiam de um título para se dizerem autoridade, mas no final, só queriam lançar por terra a obra de Deus, pois sabiam que ensinávamos a verdade em nossa igreja, ao contrário da maioria deles!

Em outubro de 98, Roberto foi ao Brasil fazer campanhas para comprar um carro para nós, pois havíamos nos mudado para outra casa bem mais afastada da vila e andar com as crianças pequenas por mais de uma hora até chegar à igreja era muito difícil.

Naqueles dias, Thaís teve malária novamente e ficou muito doente. Para mim, era sempre horrível quando isso acontecia, pois ver um filho sofrendo nunca deixa nenhum pai ou mãe feliz. Ainda mais com uma doença como aquela, que a gente trata hoje e, no mês seguinte, está propenso a ter novamente.

Malária era sempre um pesadelo. Mesmo sabendo que eu e meus filhos já tínhamos enfrentado aquela doença várias vezes, a dor e as preocupações eram sempre as mesmas. E ainda mais morando numa casa no meio do mato e sem Roberto por perto.

Foram horríveis aqueles dias. Era sempre ruim abaixar a febre de Thaís. Muitas vezes, eu tinha que dar banho frio nela, altas horas da noite, ou colocar panos molhados nas axilas e entre as perninhas dela. Como doía ver meus filhos passarem por aquilo, coitadinhos!

Mas mesmo com todas as lutas, continuávamos felizes por ver a igreja crescendo a cada dia, mais pessoas sendo salvas e libertas. O prazer de ver o Reino de Deus se expandindo e, ao mesmo tempo, poder fazer parte disso, recompensava todas as provações pelas quais passávamos!

Perder nosso terreno e a construção já avançada da igreja nos trouxe uma sensação frustrante naqueles dias. Mas hoje, entendemos que foi assim que Deus queria que fosse, para que Ele pudesse intervir em nosso favor e nos dar a vitória.

Lembro-me de que tentamos vários outros terrenos, alguns até um pouco fora da vila, mas quando íamos falar com os responsáveis pela construção civil naquela cidade, eles diziam sempre: "Não, este terreno também não pode!"

Por tudo isso, é que acreditávamos que uma perseguição acirrada estava armada contra nós.

Mas continuávamos orando e clamando pela intervenção de Deus!

Um domingo, enquanto eu estava na igreja, esperando o culto para nossa Escola Dominical começar, ouvi o Senhor me dizendo: *"Fala para o João trocar o terreno da casa dele com vocês!"*

João era o evangelista de nossa igreja, que tinha um terreno numa rua um pouco distante da vila. Media a metade do nosso, mas era dele e ninguém podia impedi-lo de trocá-lo conosco. Além disso, ele iria se beneficiar com a troca, pois a construção da igreja já estava bem avançada, enquanto no terreno dele só havia o alicerce para a casa que ele sonhava construir um dia. E se era algo que vinha de Deus, eu sabia que ele e sua esposa não iriam se opor à troca, ainda mais sabendo que eles iam trocar por um terreno dentro da cidade, numa área muito mais valorizada!

E realmente foi isso o que aconteceu. Quando eu e Roberto fomos falar com eles, de pronto eles aceitaram a troca!

A partir daquele dia, começamos a fazer um pedido especial a Deus: "Senhor, depois de tanta luta, não nos deixe envergonhados. Assim que começarmos a construção da igreja no outro terreno, faça com que a obra não fique parada por falta de dinheiro. Envia-nos os recursos necessários para irmos até o fim e todos poderem ver que o Senhor é Aquele que nos dá a vitória!"

E assim, em fevereiro de 2000, reiniciamos a construção da igreja. Mas sabíamos, dessa vez, que nenhuma autoridade abusiva iria nos parar, e nosso sonho de ver a igreja construída iria se realizar.

## Capítulo 22

---

## Minha primeira viagem à América

*"Os humilhados serão exaltados!"*
*(Ezequiel, 21)*

Foi um precioso amigo nosso da JOCUM, o irmão Gerson Ribeiro, que nos incentivou a irmos à América, divulgar nosso Projeto junto a algumas igrejas conhecidas dele.

A possibilidade de divulgar nosso trabalho nos Estados Unidos era realmente maravilhosa. Como a maioria dos brasileiros, também acreditávamos que lá jorravam dólares por todos os lados e que iríamos conseguir apoio deles.

Logo, aprenderíamos que não era bem assim...

Roberto, então, começou a se preparar emocionalmente para esta viagem. Porém, certo dia, enquanto eu orava, Deus me disse que seria eu quem iria divulgar nosso trabalho na América! Pedi, então, ao Senhor para que, se aquilo que eu estava sentindo vinha mesmo Dele, que Ele mesmo falasse com o Roberto, pois eu não me sentia em posição de chegar para meu marido e dizer que seria eu que iria para a América. Não, isso não seria edificante para a vida de meu esposo! Por isso, fiquei em silêncio, tranquila, em oração, para Deus fazer o que Ele já havia assentado no coração Dele.

Um dia, no mês de janeiro, Roberto veio até mim, com aquele jeito manso dele, e me disse:

- Amor, é você quem irá à América, não eu!

Sempre admirei o homem que Deus me deu para compartilhar a minha vida. Sempre foi um verdadeiro servo de Deus, que nunca impediu Deus de me usar quando e como Ele quisesse!

Obrigado, Senhor, pelo meu casamento e pela vida do meu marido!

Conseguir o visto para os Estados Unidos foi uma verdadeira batalha! Como eu tinha uma amiga em Maputo, pedi a ela o favor de ir até o Consulado Americano naquela cidade e pedir as informações sobre os documentos que eu precisaria apresentar, para entrar com o pedido do visto.

Ela me disse o que eu iria precisar e disse também, não sei se por engano, que eu precisaria apresentar as passagens compradas, além das cartas-convite da Missão em Miami e da Missão em Moçambique.

Tudo parecia fácil. Peguei o dinheiro emprestado para comprar as passagens, US$900, e parti de Beira para Maputo uma semana antes, para tirar o visto e seguir viagem para a América, mal sabendo eu que ainda teria que passar por mais provas!

Entrei com o pedido do visto no dia seguinte e me disseram que voltasse três dias depois para saber a resposta.

Qual não foi minha surpresa quando cheguei ali e me disseram que meu visto havia sido negado! Meu mundo desabou. Não pelo fato de eu não poder mais ir aos Estados Unidos, mas pela passagem, pois eu havia pedido dinheiro emprestado para comprar, e agora não sabia como iria pagar aquela dívida, já que eu estava contando em receber ofertas na América e, com elas, pagar a passagem!

Olhei para o atendente, naquela minha ousadia que às vezes até me assusta, e disse:

- Vocês não podem me negar o visto, eu preciso ir à América! Onde está o Cônsul? Quero falar com ele.

Acho que aquelas pessoas ali me acharam um tanto quanto atrevida, mas havia muita coisa em jogo, minha fé, a Palavra de Deus e aquela bendita passagem! Eu não podia voltar dali, não aceitava!

Fiquei ali, sentada, à espera de que o Cônsul aparecesse. Naquela época, meu inglês era péssimo, mas como já disse, coragem e ousadia eram as palavras principais do meu vocabulário...

Foi quando vi um senhor alto e branco entrar na sala e pensei: "Deve ser ele!" Imediatamente, saltei na frente dele e me apresentei, explicando a ele minha situação. Ele ficou ali, me ouvindo, entre curioso e atencioso, até que me disse que esperasse um pouco, pois ele iria saber melhor da minha situação.

O regresso dele não me deu muitas esperanças, pois ele disse, apenas, que o endereço da Missão em Miami era de uma residência e não servia como prova de que eu estava indo para ficar na Missão! Por isso, me pediram outro fax com comprovante de residência.

Fui ao Consulado Brasileiro, que ficava em frente ao Americano, e lá pedi permissão para passar um fax para meu amigo em Miami. Este enviou outro fax como resposta, explicando que eles alugavam uma casa onde a Missão funcionava.

Acho que aquele Cônsul deve ter pensado: "Que Missão é essa que não tem nem uma sede própria, aqui na América?"

Mais uma vez, ele não aceitou a explicação e eu saí de lá, cansada e preocupada, sem querer aceitar aquela negativa de maneira nenhuma.

Fui para a casa da amiga que me hospedara e comecei a orar. Logo, me veio uma canção ao meu coração:

*"Ele não nos trouxe até aqui*
*Para voltar atrás,*
*Ele nos trouxe até aqui*
*Para possuir a Terra Prometida".*

Aquela letra foi usada pelo Espírito Santo para me encorajar. Declarei, em alto e bom som, que eu não aceitava voltar para Dondo sem fazer aquilo para o qual havia vindo, que eu iria, sim, para a América, em nome de Jesus!

Liguei para Roberto e ele falou da minha situação a um amigo nosso, que tinha em Maputo um líder espiritual que já havia sido Cônsul do Canadá e conhecia muito bem o Cônsul Americano.

Este nosso amigo ligou para o líder dele que me pediu para ir encontrá-lo no dia seguinte.

Na manhã seguinte, fui falar com aquele senhor. Ele já havia estado em Dondo, conhecera nosso trabalho e havia até nos dado uma oferta de mil dólares para o Orfanato.

Assim que lhe expliquei o caso, no mesmo instante ele ligou para o Cônsul Americano, dizendo que conhecia meu marido e também nosso trabalho como missionários em Moçambique, e pediu ao Cônsul o favor de me ajudar.

Era meio-dia quando ele falou com o Cônsul e às quatro da tarde, lá estava eu com meu passaporte nas mãos e um visto americano para 10 anos.

Deus é mesmo tremendo. Só temos que ter fé nEle e perseverar naquilo que Ele nos fala! Nosso grande problema, muitas das vezes, é desistir diante do primeiro "não" ou do primeiro "não dá". Eu sempre fui persistente e só desisto quando todas as minhas tentativas já se esgotaram!

Meu voo para a América seria no dia seguinte, saindo de Johannesburg, na África do Sul. E como tudo se atrasara com a situação do visto, eu precisava de sorte para chegar a tempo! Mas para quem havia passado o que eu passara naqueles dias em Maputo, nada me impediria de crer que, dentro de dois dias, eu estaria na América!

Tive que ir de Kombi para Johannesburg e, para complicar ainda mais, o carro quebrou e tivemos que ficar algumas horas na estrada, até consertar. Tudo isso só para me deixar mais aflita!

Cheguei a Johannesburg à tardinha e só tive tempo de tomar um banho em casa do Pr. Sanches e correr para o aeroporto! Mas cheguei a tempo e, depois de tanta batalha, lá estava eu, pronta para embarcar para os Estados Unidos pela primeira vez!

Será que era uma loucura se lançar assim e voar para um país desconhecido sozinha? Mas eu não estava sozinha. O grande EU SOU estava comigo e, por isso, eu estava muito bem guardada!

Fui recebida com muito carinho pelos amigos da JOCUM em Miami: Gerson e Elisa. Eles foram uma benção para mim. Se ainda hoje somos tão abençoados por nossos irmãos e amigos na América, devemos isso a eles, pois foram eles que fizeram contatos com igrejas e pastores amigos, me levaram às igrejas e até me ajudaram na tradução, uma vez que conheci igrejas que falavam inglês e espanhol e eu não conhecia nada daquelas línguas!

Não foi fácil minha primeira viagem à América, desde o pedido do visto até um mês depois, pois não via nada acontecendo. Para piorar, um episódio triste aconteceu e me machucou bastante.

Gerson e a família haviam sido convidados para o aniversário de um amigo americano casado com uma brasileira. E como eles estavam bem comprometidos em me ajudar a conseguir novos contatos, eles me levaram junto, para que eu os conhecesse.

Havia muitos irmãos naquela casa, falando inglês e espanhol. Eu me sentia como um peixe fora d'água, mas estava ali pela obra e tinha que pagar o preço. Em certo momento, algumas pessoas começaram a me perguntar sobre meu trabalho na África e eu falei dos nossos desafios e nossas conquistas. De repente, num tom de humilhação, aquele americano aniversariante tirou um dólar do bolso, me estirou e disse:

- Você precisa de ajuda? Toma!

Fiquei sem saber o que fazer, olhando aquele homem com aquela nota de um dólar nas mãos e todas aquelas pessoas sorrindo, em tom de deboche. Eu não sabia mesmo o que fazer, pois se não apanhasse o dinheiro, ia parecer que eu estava menosprezando por ser pouco. Mas será que era intenção dele mesmo me dar aquela nota de um dólar? Então, decidi estender as mãos para pegar a nota, e qual não foi minha surpresa, quando aquele homem recolheu a mão e, rindo, guardou o dinheiro novamente no bolso.

Queria que ali tivesse um buraco enorme para enfiar minha cara, pois me sentia envergonhada e humilhada! E nem podia ir embora, pois meus amigos achavam que eu estava me divertindo, e eu não queria causar nenhuma confusão na casa dos outros!

Tive que ficar ali, agora mais desambientada do que antes, até o momento em que meus amigos decidiram ir embora.

Que alívio me deu entrar no carro e ir embora dali! Mas eu estava triste e resolvi contar tudo para eles. Gerson se indignou com o comportamento daquele homem e disse que ia falar com ele.

Quando chegamos em casa, eu me dirigi ao quarto e fechei a porta para orar. Estava decidida a colocar para fora tudo o que estava me sufocando, até mesmo aquilo tudo o que eu passara em Maputo, até conseguir o visto. Eu não estava com raiva daquele irmão. Estava envergonhada e triste pela minha situação. Sentia-me fragilizada, sensível e dependente!

A Palavra de Deus nos assegura que quando guardamos a Palavra do Senhor e obedecemos a Ele, nós podemos ir até Ele através do nosso coração aberto e falar o que nos aflige sem medo algum. Foi isso o que eu fiz naquela tarde de sábado. Deixei Deus ver como estava meu coração e desabafei, como há muito eu não fazia:

"Senhor, eu não estou aqui para me divertir. Eu vim aqui para levantar recursos para a Tua obra, para construirmos a igreja, para conseguirmos ter uma melhor condição para viver na África. Estou aqui há um mês, Senhor, longe de meu marido e de meus filhos e nada aconteceu ainda. E hoje, me senti humilhada, como uma mendiga. Eu sou sua filha, estou aqui para lutar pela Tua Causa e exijo que as coisas mudem, Senhor, pois eu não aceito sair daqui sem o que vim buscar! Eu quero ver coisas novas acontecendo a partir de hoje, quero ver Tua Mão agindo por mim e as bênçãos chegando!"

Vendo assim, parece até que fui muito atrevida, mas não fui! Nosso Deus não é tardio para responder nossas orações, quando elas são feitas com um coração contrito e gemendo!

E a prova disso aconteceu no domingo seguinte, quando fui com Eliza em uma igreja espanhola, chamada "Casa de Misericórdia", que depois, se tornou, por muito tempo, mais uma de nossas apoiadoras.

No caminho, Elisa me disse:

- Célia, não espere muita coisa desta igreja não, pois eles estão sem pastor. É um amigo nosso que está dirigindo a igreja, provisoriamente.

- Não se preocupe, Elisa, eu confio em Deus e só irá acontecer o que Ele permitir. – respondi.

Após compartilhar a Palavra de Deus, mostrei os slides e falei sobre Moçambique e sobre nossos desafios naquele país. Em seguida, passei a palavra para o dirigente.

Ele convidou todos para levantarem uma oferta de amor para mim, e vi que muitos foram à frente. Não fazia ideia de quanto seria a oferta, pois já estava ali há um mês e só havia conseguido, até então, 1.200 dólares!

No final, o irmão disse para Elisa que passaria na casa dela à noite para entregar a oferta, pois teriam que contar ainda.

Na noite daquele mesmo domingo, Elisa ficou em casa e eu fui com o irmão Gerson para outra igreja brasileira, a Assembleia de Deus, em Pompano Beach, do Pr. Joel. Foi muito bom! Consegui uma oferta de 1.500 dólares naquela noite, depois de vários dias de batalha!

Mas ainda havia uma grande surpresa me aguardando...

Quando chegamos em casa, Elisa já foi dizendo:

- Célia, eu lhe disse para não esperar muito daquela igreja, pois eles estão sem pastor, lembra?...

Olhei para ela e perguntei:

- Fala logo, Eliza, quanto foi a oferta?

Ela, então, me passou um cheque de 300 dólares! Olhei o cheque e depois comentei:

- Se foi o que Deus quis que me dessem, está tudo bem! Mas engraçado, eu vi tanta gente indo lá na frente ofertar! Bom, mas vai ver que deram pouco mesmo. Obrigado, Senhor, por esta oferta!

Elisa, então, tirou outro cheque debaixo da Bíblia e me entregou. Quando olhei para aquele cheque de 5.000 dólares, meu coração quase saltou pela boca. Eu chorava e ria ao mesmo tempo, numa mistura de alegria, gratidão, sei lá o que mais...!

Aquela igreja havia levantado, naquela manhã, com um pequeno grupo de 80 pessoas, uma oferta de 5.300 dólares americanos! Eu nunca havia recebido uma oferta tão grande de uma só fonte!

Naquele momento, ouvi o Espírito Santo me dizer: *"Os humilhados serão exaltados!"*

Mais uma vez, pude sentir o quão perto Deus está de seus filhos, daqueles cuja intenção é fazer sempre a vontade dEle! Ganhar, em um só dia, 6.800 dólares, foi um verdadeiro milagre!

Fora os computadores, o fax e as lindas roupas que ganhamos para levar para minha família e para minha igreja da África!

Fiquei na América por mais uma semana e depois regressei para casa, com o gosto da vitória e muita gratidão a Deus por cada uma daquelas experiências que Ele me proporcionou ali.

No penúltimo dia, antes de regressar para a África, fui falar para um pequeno grupo de brasileiros que estavam sendo pastoreados por um pastor americano.

Como Deus moveu vidas naquela noite! Foi nesse dia que conheci os amigos Cláudio e Nilsara Piereck, Otávio e Rosane Avesani, Paulo e família e o casal Jorge e Vivian. A partir dali, todos eles se tornaram cooperadores do nosso ministério.

Depois daquela viagem, nossa vida melhorou muito. Conseguimos construir o Templo da igreja Sede, comprar um carro para o nosso trabalho e muitos novos amigos se juntaram a nós neste maravilhoso projeto de salvação de vidas na África! Aleluia!

**Primeiro templo construído com ofertas recebidas da primeira viagem à América (Dondo-Moçambique, ano 2000)**

## Capítulo 23

---

# Malawi: nosso novo desafio

*"Mas os planos de Deus nunca são os nossos planos e os Seus caminhos nem sempre são os nossos caminhos..."*

Após a inauguração do Templo Sede, em 2001, sentimos que nosso tempo em Moçambique estava chegando ao fim. Já não tínhamos mais aquela alegria no que fazíamos e estávamos muito cansados.

Desde o início de 98 até 2001, não tínhamos ido mais ao Brasil e com o surgimento da igreja, novos campos sendo abertos e a construção, não tínhamos tempo nem dinheiro para sairmos.

Em junho de 2001, tive malária outra vez. Eu já estava em Moçambique há 10 anos e já havia tido malária mais de 17 vezes. Mas aquela parecia mais forte que as demais, era como se minhas forças estivessem indo embora! Eu já havia tomado 5 remédios diferentes e nada acontecia. Os picos de febres eram cada vez mais altos e nem o médico entendia o que se passava comigo.

Meu filho Lucas, quando voltava da escola, corria para a minha cama e ficava ali, me fazendo companhia, sem querer brincar.

Um dia, ele me olhou e disse:

- Mamãe, por favor, não morra, eu não quero ficar sem você!

Olhei para ele e disse que podia ficar tranquilo, que eu não ia morrer!

Realmente, eu não sentia que ia morrer, mas depois de uma semana de cama, sendo carregada para o banheiro pelo meu marido, sem conseguir caminhar e nem comer, tomando banhos frios para controlar a febre, eu vi que algo de anormal estava acontecendo comigo.

Como nenhum tratamento estava surtindo efeito, o doutor havia iniciado um tratamento de quinino na veia. Roberto só me levava à clínica nos horários de tomar o medicamento, pois eu não queria ficar no hospital.

Aquela noite, já no terceiro dia de tratamento com quinino, a febre subiu demais e as enfermeiras me envolveram em toalhas. Depois, começaram a jogar água no centro da minha cabeça com uma caneca, para fazer com que a febre abaixasse e não chegasse ao cérebro!

Eu estava muito fraca, tremia de frio e agonizava de febre, dor de cabeça e dores pelo corpo!

Nessas horas, a gente se sente sozinha no mundo, pois o desespero fica querendo dominar a situação. Aí olhamos para Deus e temos a impressão de que Ele está bem longe, nos assistindo. Mas Ele está bem perto, esperando o momento certo de agir, ainda que nossos olhos não consigam vê-Lo.

Foi o que aconteceu naquela noite. Uma das enfermeiras, vendo meu sofrimento e a dificuldade de abaixar a minha febre, aproximou-se de mim e me perguntou se podia orar por mim. Eu estranhei, pois não era comum uma moçambicana se aproximar de uma pessoa estrangeira, em um hospital, seu local de trabalho, e perguntar tal coisa. Mas minha resposta foi rápida e clara: "Claro que pode, por favor!"

E me agarrei com fé à oração daquela mulher, que dizia: "Em nome de Jesus, Satanás, eu te ordeno que tires tuas garras sujas daqui, espírito de morte, eu te repreendo. Este vaso é do Senhor Jesus e você não irá levá-lo!"

Foi tudo o que aquela mulher dissera, mas foi dito com tal autoridade, que, imediatamente, a minha febre e as dores no corpo foram embora e eu nem tive mais que regressar para tomar nenhum outro medicamento, pois já estava totalmente curada!

Após terminar de tomar o quinino, perguntei às duas enfermeiras, que estavam jogando água em minha cabeça, quem era aquela terceira enfermeira, pois eu queria lhe agradecer pela oração. Ninguém sabia quem ela era e nunca mais ela foi vista naquela clínica. Só posso deduzir que foi um anjo do Senhor!

Depois daquela malária, Roberto e eu sentimos que já era tempo de voltarmos para o Brasil. Pelo menos, era isso o que nós sentíamos, embora fôssemos descobrir, algum tempo depois, que não era aquilo o que Deus queria!

E com esse pensamento, ligamos para as igrejas que nos apoiavam no Brasil, compartilhando a nossa vontade de voltar, pois em breve, iríamos completar 10 anos que estávamos morando na África. Todos concordaram, pois não viam nenhum problema em regressarmos. Mas algo em nossos corações nos incomodava. Não havia alegria nem segurança no que fazíamos nem no que dizíamos.

Um dia, disse a Roberto que deveríamos jejuar e orar, pois alguma coisa estava errada! Como ele disse que também estava se sentindo assim, iniciamos um jejum de 15 dias, para que Deus nos deixasse ver o Seu coração!

No final de julho, sentimos um forte desejo de irmos para o país de Malawi, que era vizinho à Moçambique. Até então, não sabíamos nada sobre aquele país, apenas que era muito pequeno.

Descobrimos o nome de um pastor brasileiro que estava vivendo lá com sua esposa e ligamos para ele. Foram eles o nosso primeiro contato naquele país. Eles nos disseram que precisávamos, primeiro, ir para Maputo, a capital de Moçambique, pegar o visto para Malawi. E assim fizemos.

A única coisa que sabíamos a respeito de Malawi era que havia JOCUM lá e que o irmão Amuli, que havíamos conhecido em Moçambique, há dois anos atrás, morava lá e tinha nos dado o endereço. Isso era tudo o que tínhamos!

Sem demora, vendemos as poucas coisas que tínhamos, o que, aliás, foi um erro, pois descobrimos, mais tarde, que Malawi era um país bem mais difícil para adquirir os móveis do que Moçambique, mas já havíamos feito e não adiantava chorar.

No dia 8 de agosto de 2001, pegamos nossas roupas e as poucas coisas que nos restaram e seguimos para nossa nova casa, novo campo, novo desafio!

Era este o sentimento que tínhamos, pois estávamos indo para um país novo e desconhecido, tal qual havia acontecido em Moçambique. Só que agora não éramos apenas dois jovenzinhos recém-casados. Tínhamos dois filhos que já estavam em idade escolar.

Mas havia paz em nossos corações, pois sabíamos que era aquilo o que Deus queria de nós.

Após algumas horas de viagem, quando ainda faltavam muitos quilômetros para chegarmos em Malawi, nosso carro quebrou. Mas como era um carro 4x4, Roberto isolou o freio de trás do carro e ligou a tração dianteira. Foi assim que alcançamos nosso destino aquele dia.

Chegamos já noite e ficamos hospedados numa pensão bem simples, pois não tínhamos dinheiro para pagar algo melhor.

No dia seguinte, saímos para procurar as pessoas que tínhamos como referência. O pastor Roberto, irmão brasileiro, prontamente nos enviou um irmão de sua igreja para sair conosco e nos ajudar no que precisássemos.

Foi uma benção, pois aquele irmão falava inglês e chichewa (o dialeto de Malawi), o que nos ajudou bastante.

Descobrimos a igreja que nosso amigo havia nos dado o endereço e lá pedimos informações de onde ficava a JOCUM, onde ele vivia, e fomos para lá!

O líder da base não estava, mas os irmãos nos receberam bem e nos aceitaram como hóspedes por alguns dias, o que foi muito bom para nós.

Pensávamos em voltar a fazer parte da JOCUM, mas trabalhando com a implantação de igrejas em Malawi, como estávamos fazendo em Moçambique.

Achávamos que não haveria impedimento nenhum, por parte da JOCUM em nos receber, pois mesmo estando afastados dela, ainda mantínhamos uma boa relação com a JOCUM e com todos os nossos irmãos jocumeiros. Além disso, tínhamos um bom testemunho de vida.

Mas os planos de Deus nunca são os nossos planos e os Seus caminhos nem sempre são os nossos caminhos...

O líder da JOCUM se recusou a nos receber para trabalhar, debaixo de sua liderança, e disse-nos que procurássemos outra organização, pois eles não poderiam nos aceitar.

Aquilo foi horrível para nós. Tive um sentimento bem negativo por aquele líder, mas ao mesmo tempo, me senti aliviada, pois sabia que Deus estava nos protegendo de algum aborrecimento futuro.

Mas naquele momento foi duro aceitar aquela resposta. Estávamos ali, sem apoio, depois de termos trabalhado com tanto amor e dedicação para a Missão, construindo uma Base, um Orfanato e tantas outras coisas. Por que não nos receber no grupo de obreiros daquela Base?

Na manhã seguinte, acordamos com um novo desafio pela frente: tínhamos que encontrar uma casa para morar e uma organização que nos recebesse para trabalharmos juntos e nos desse liberdade de fazer o que sabíamos, ou seja, ganhar almas para Jesus e abrir novas igrejas!

Nosso amigo nos levou para conhecer o Pr. Kafotokosa, um malawiano muito querido, um homem de Deus, que abriu os braços e nos aceitou em seu ministério, chamado Eva Trust, que apoiava a implantação de novas igrejas, trabalhos sociais, exatamente aquilo de que mais gostávamos. Isso nos deixou muito mais tranquilos.

Hoje eu louvo a Deus, por não ter nos permitido ficar debaixo da liderança da JOCUM em Malawi, pois nossa visão de trabalho era totalmente diferente da deles e isso poderia interferir em nosso relacionamento de forma negativa.

Não temos nenhum problema com eles, ao contrário, nossa igreja, sempre que pode, envia jovens para serem treinados pela JOCUM!

Continuamos amando e respeitando o ministério e a visão de trabalho de Missão JOCUM, pois foi ali que aprendemos a ouvir a voz de Deus e a ter coragem e ousadia para fazer a Sua vontade!

Conseguimos uma casa para alugar, na verdade, uma casa bem velha, cujo telhado, muitas vezes, dava a impressão de que, a qualquer momento, ia cair sobre nossas cabeças. Mas, graças a Deus, nada disso aconteceu e vivemos ali por um bom período de tempo, felizes e cheios de planos para a obra de Deus naquele país!

Não foram fáceis os nossos primeiros meses em Malawi, pois não sabíamos o inglês, nem o *chichewa*, não tínhamos como retirar nosso sustento que vinha do Brasil, pois naquele tempo, em 2001, não havia caixas eletrônicos para retirar dinheiro e o cartão de Roberto não era aceito pelo banco de lá. Só o meu cartão, da conta que eu havia aberto nos Estados Unidos, era aceito lá.

Então eu ia ao Banco de Malawi e pedia 500 dólares no balcão. O Banco me dava e só me cobrava dois meses depois. Minha sorte era Nilsara, a irmã que conheci nos Estados Unidos, um dia antes de voltar para a África.

Nilsara ficava maluca, tentando arranjar dinheiro para colocar na minha conta, antes que chegasse a cobrança e, por isso, vivia vendendo coisas usadas e pedindo ajuda na igreja.

Esta amiga nunca irá imaginar o quanto Deus a usou, para nos livrar dos apertos, enquanto vivíamos em Malawi!

Mas graças a Deus, o custo de vida em Malawi era bem mais barato e o que ganhávamos de ofertas e suporte de nossos amigos na América sempre dava para pagar todas as nossas contas.

Mas nem por isso nossa vida era fácil. Vivíamos sempre apertados, pois nosso orçamento era de apenas 250 dólares. Morávamos numa casa bem velha, alugada, o carro parava na rua por falta de combustível e muitas vezes tínhamos que comprar comida fiado na loja de nossos amigos muçulmanos. Sem contar que ainda tínhamos que pagar as mensalidades da escola dos nossos filhos, que eram um pouco altas!

Mas viver por fé é isso! Não tínhamos nada e, ao mesmo tempo, tínhamos tudo, pois Deus nunca deixou faltar o essencial, naqueles dois anos que passamos ali. Enquanto isso, nosso sustento ia sendo guardado na conta de Roberto, no Brasil, e alguns anos depois, isso iria nos abençoar muito.

Casa de Célia e Roberto, em Malawi (2001)

Em setembro, uma família malawiana nos pediu para deixá-los morar nos quartos que havia nos fundos de nossa casa, e como não os usávamos, concordamos! Começava ali nosso primeiro passo para iniciar a igreja em Malawi.

Nossos amigos David e Jennie também foram uma benção para nós. Foram eles que nos ensinaram muito do nosso inglês de hoje. Jennie era professora e, todas as tardes, após chegar da escola, ela ia até nossa casa me ensinar inglês, enquanto David ensinava a Roberto.

No final de 2003, fomos para o Brasil. Queríamos passar para as igrejas que nos apoiavam a mudança que havíamos feito ali e os novos planos que Deus queria para nós na África.

Até então, nossa visão se resumia apenas a Moçambique, mas após nossa mudança repentina para Malawi, era certo que Deus tinha algo maior para nós. Ele estava cumprindo mais uma parte da profecia que Ele havia me dito naquele triste domingo de março de 98, de que seríamos uma benção para o povo africano e que uma Missão, totalmente voltada para os africanos, surgiria através de nossas vidas!

Célia, Roberto Thaís e Lucas – Malawi, 2002)

## Capítulo 24

## Uma abençoada experiência de fé

*"Se os nossos corações estão livres para
Deus, o dinheiro não é problema."*

Assim que chegamos em Campo Grande-MT, fomos pregar em uma igreja Assembleia de Deus. Era uma quinta-feira e a igreja nos deu uma oferta de R$560,00. Foi a primeira oferta que havíamos ganhado e ficamos muito gratos a Deus por ela!

No fim de semana que se seguiu, aquela igreja estava tendo uma programação diferente, e no domingo, seria o Culto de Missões.

Mesmo sabendo que todo o dinheiro arrecadado seria entregue à Secretaria de Missões, participamos de todo o trabalho com a igreja, pois éramos muito queridos pelos irmãos dali.

No domingo pela manhã, aconteceu algo que mudaria, para sempre, nossa situação financeira.

Incrível como tantas vezes um simples gesto pode liberar ou cerrar o mover de Deus em nossas vidas! Como nossas atitudes e nossos corações precisam estar sempre em sintonia com o que diz a Palavra de Deus!

Não importa o que somos ou o que fazemos, Deus irá sempre permitir situações que coloquem à prova a intensidade de nossa obediência à Sua Palavra.

Naquele domingo, o Pastor que pregava fez um desafio de fé com a igreja, ou seja, se eles contribuíssem, generosamente, com as Missões, eles veriam como Deus iria agir poderosamente na vida deles, depois daquele dia.

Eu sou uma pessoa que não me deixo levar por sentimentalismos durante um culto ou pregação, ao contrário, sou de examinar tudo e reter, apenas, o que é bom. E naquele domingo, enquanto o pastor desafiava a igreja a dar um pouco mais para a obra de Deus, eu senti o Espírito Santo ministrando algo diferente em meu coração.

Talvez eu, como missionária, devesse pensar que tudo o que o pastor falava, não dizia respeito a mim, pois nós vivíamos da fé e dependíamos das ofertas que os irmãos dessem. Mas naquele domingo, Deus estava querendo fazer algo novo em minha vida e na de minha família.

Fiquei observando a igreja e vi que ninguém se levantava para contribuir. Pairava um silêncio no ar e enquanto o pastor chamava o povo para dar um passo maior de fé com Deus, eu me sentia sacudida por dentro pelo Espírito Santo, mas não queria tomar nenhuma decisão precipitada. Então fui até Roberto e falei ao seu ouvido: "Amor, Deus está mandando dar tudo o que temos conosco!"

Roberto, então, me disse:

- Está aqui, amor, tudo o que temos é a oferta que ganhamos na quinta-feira aqui na igreja. Eu só tirei para o combustível. (estávamos com o carro emprestado de um amigo)

E enfiando a mão no bolso, me entregou todo o dinheiro que tínhamos, dizendo:

- Se Deus está falando, é melhor obedecer!

Sou muito grata a Deus por meu marido, pois ele nunca atrapalhou ou impediu o agir de Deus em nossas vidas!

Antes de entregar a oferta, ouvi Deus me dizer que pedisse o microfone e me direcionasse à congregação. Fiquei um tanto assustada, pois quem estava ali era um pastor conhecido e usado por Deus. O que eu, uma simples missionária, teria para dizer à igreja? Mas, como sempre, obedeci!

Pedi, então, a palavra ao pastor, pois eu sentia que naquela manhã de domingo, Deus queria fazer muita coisa na vida daqueles irmãos.

Quando comecei a falar, senti o Espírito Santo movendo corações e abalando toda aquela casa!

Falei aos irmãos que estava ali sentada e quando o pastor lançou o desafio, eu ouvi o Espírito Santo me ordenando que entregasse tudo o que eu tinha. Disse a eles que todo o dinheiro que tínhamos era justamente a oferta que eles mesmos nos haviam dado na quinta-feira, após a nossa apresentação, mas que estávamos obedecendo à voz de Deus e entregando tudo no altar, pois obedecer era melhor do que sacrificar. Se Deus estava testando nossa obediência, nós não hesitaríamos em fazer aquilo, mesmo sabendo que ficaríamos sem um centavo!

Aquele testemunho trouxe um mover de Deus tão grande sobre aquela igreja, que todos, sem exceção, se levantaram para fazer suas ofertas.

Após entregarmos as ofertas, o Pr. Júlio nos ungiu as mãos, ministrando a prosperidade do Senhor sobre nossas vidas.

A partir daquele domingo, nossa vida financeira mudou completamente. As finanças começaram a fluir, de maneira simples e abençoada, deixamos de passar necessidade no campo missionário, conseguimos comprar um bom carro para o trabalho, além de um bom sustento para nós e para nosso ministério.

Ou seja, se os nossos corações estão livres para Deus, o dinheiro não é problema. Aprendemos uma grande lição naquela manhã de domingo e, graças ao nosso propósito sincero de obedecer a Deus e colocá-lO acima de todas as coisas em nossas vidas, hoje temos uma vida muito mais abençoada!

# Capítulo 25

## Evangelização em massa

*"Quando o projeto é claro, ele atrai investimentos."*

Ficamos no Brasil por quase três meses, e quando regressamos à Malawi, no final de janeiro de 2002, estávamos nos sentíamos renovados e prontos para mais uma etapa em nosso ministério, que era iniciar uma igreja em Chigumula, uma área afastada da cidade de Blantyre, a segunda cidade do país, a cerca de 27 Km.

Chigumula é uma cidade bem pobre e com grande influência islâmica, a julgar pelas mesquitas espalhadas por todo lugar. Malawi é considerado um país cristão, mas após a presidência de Bakili Muluzi, que era muçulmano, o islamismo teve um crescimento assustador e ganhou força naquele país.

Da parte central até o norte, só o que se vê são mesquitas e pouquíssimas igrejas evangélicas.

Isto nos encorajou a iniciar, o mais rápido possível, uma igreja naquela comunidade, e dali formar líderes para Jesus, que alcançariam o país de Malawi, de norte a sul.

Mas nosso sonho para Chigumula não se limitava a implantar a igreja apenas. Eu sonhava também em construir uma escola, pois não havia muitas por ali, e as que havia eram consideradas

"Escolas Particulares" e eram tão pobres que não possuíam sequer carteiras ou cadeiras para as crianças se sentarem. Elas usavam bancos mal feitos e escreviam com seus cadernos no colo.

Graças a Deus, a malária havia cessado, desde a nossa mudança para Malawi. Só tivemos mais umas duas vezes, porque como íamos sempre a Moçambique dar assistência as nossas igrejas, apanhávamos lá!

A vida em Malawi era bem mais tranquila. Gostávamos do clima, das pessoas, nossos filhos já estavam bem instalados na escola, falando inglês, e toda aquela dificuldade dos primeiros dias havia ficado para trás. Estávamos alcançando o segundo país com a pregação de Evangelho e isso nos dava um prazer enorme!

Começamos nosso primeiro evangelismo em Malawi, em fevereiro de 2002. Íamos de casa em casa, na vila de Chapuleta, falando de Jesus aos moradores daquele lugar. Eram pessoas simples, bem pobres e em suas casas, como sempre, não havia quase nada. Mas era um povo sedento da Palavra de Deus.

Numa daquelas tardes, conhecemos o irmão Stanley Mbewe, que há muito havia se desviado do Evangelho e trabalhava com venda de madeira, que ele e mais um grupo de homens retirava, ilegalmente, de uma propriedade particular. Assim que conversamos com Stanley, ele reconheceu seu pecado e voltou para Jesus.

No domingo em que iniciamos nosso primeiro culto oficial em uma salinha que alugamos numa daquelas escolas particulares, Stanley foi o primeiro a chegar. Já havia varrido o local e esperava por nós. Também estavam presentes o casal que fora morar conosco, Moga e Jenie, e suas duas filhinhas.

Portanto, já éramos 9 para iniciarmos a Evangelical Missionary Church, em Malawi.

Que delícia era começar, novamente do nada, um ministério em um novo país! Que maravilhoso era poder sonhar e mesmo não tendo nada naquele momento, já declarávamos que seríamos uma grande igreja e um forte ministério em Malawi.

Em maio de 2002, fui novamente aos Estados Unidos, pois Deus havia colocado em nossos corações a visão de alcançar mais africanos nas aldeias e vilas da África, através de um evangelismo mais acessível, na própria língua deles, de forma que eles vissem, ouvissem e entendessem, de maneira mais clara, a pregação do Evangelho de Jesus.

Tivemos, então, a ideia de fazer o Evangelismo nas aldeias e vilas usando o Filme de Jesus! Seria uma estratégia tremenda, pois nas vilas e aldeias não existia energia elétrica e quase ninguém tinha televisão e nem sabia o que era cinema. Desse modo, a Palavra de Deus alcançaria, em apenas um fim de semana, todas aquelas pessoas que viviam em pequenos vilarejos de até 10.000 habitantes.

Pensando nisso, fui buscar os recursos necessários, junto aos nossos irmãos da América. Iríamos precisar de um gerador de energia, de um projetor de filmes, um vídeo, um telão, caixas de som, microfones e algum dinheiro para comprar fios, lâmpadas e tomadas. Mas como a visão era de Deus, estávamos certos de que nossos irmãos na América iriam abraçá-la.

Quando cheguei em Miami, liguei para nosso amigo Mário, da Kendal Brazilian Church. Eu não teria muito tempo para falar na igreja, pois eles já tinham a programação deles e, por isso, pelo telefone mesmo, eu expliquei a ele o que me levara até lá, da nova visão para a África, e do que precisávamos para poder colocar aquela ideia em prática.

Eu mesma não sabia que Deus iria agir tão rápido! Pensei que iria demorar a conseguir os equipamentos, que teria que falar em várias igrejas, etc. Mas como diz um pastor amigo meu: "Quando o projeto é claro, ele atrai investimentos."

Depois de me ouvir com atenção, Mário disse que iria falar com a liderança da igreja para ver como eles poderiam nos ajudar.

Alguns dias depois, eu estava naquela igreja, que era pastoreada pelo querido Pr. Nery, um verdadeiro paizão para todos nós, quando tive uma surpresa maravilhosa: Mário havia se reunido com os líderes da igreja para falar da nossa nova estratégia de evangelismo e das necessidades e, para glória de Deus, eles abraçaram a visão e doaram todo o equipamento necessário para a projeção do filme de Jesus nas aldeias e vilas da África.

Depois de 5 anos fazendo evangelismo com o filme de Jesus, baseado no Evangelho de Lucas, usando o próprio dialeto daquele povo, conseguimos alcançar cerca de 30.000 pessoas. Dessas, mais de 5.000 fizeram uma conversão por Jesus Cristo.

Lembro-me de um encontro com um senhor, que aconteceu na cidade de Blantyre. Falando em dialeto, ele foi até o Pr. Benjamin e disse que era feiticeiro e estava indo para a montanha receber o poder das trevas, justamente num daqueles sábados em que nós estávamos passando o Filme de Jesus na cidade de Nsange, ao sul de Malawi.

Convém explicar que, em Malawi, é muito comum os feiticeiros irem para as montanhas e ali permanecerem por alguns dias sem comer nada, totalmente entregues às forças demoníacas, até chegar ao ponto de eles defecarem e passarem as próprias fezes por todo o corpo, numa frenesi diabólica de humilhação e submissão a Satanás!

Pois bem, o senhor disse ao Pr. Benjamin que quando viu aquele filme, parou para assistir e o que mais lhe chamou a atenção foi a parte do gadareno endemoniado.

Realmente, nesta parte do filme, os africanos sempre prendem a respiração e batem palmas, quando Jesus expele os demônios daquele homem e os manda para os porcos!

Ao ver aquela cena, aquele homem foi confrontado sobre a vida miserável que levava com o diabo. Ele se identificou com aquele endemoniado e viu o sofrimento que era sua vida, miseravelmente assolado pelos demônios e pelo pecado. Na hora do apelo, ele aceitou a Jesus e, no dia seguinte, foi para o culto e disse que desde aquele dia que assistira ao filme não havia mais se envolvido com feitiçaria e que agora estava firme com Jesus.

Aquele testemunho deu-nos uma força nova, pois muitas vezes não encontrávamos mais as pessoas que assistiam ao filme.

Em muitos casos, nem voltávamos mais aos locais onde tínhamos passado o filme, pois dávamos assistência a muitas igrejas locais e os novos decididos eram encaminhados para as igrejas que já existiam naqueles lugares. Mas ouvir o testemunho daquele ex-feiticeiro nos fez ver que Jesus estava tocando corações através do filme, e isso era o que importava, a salvação de vidas! Vidas que, até então, nem sabiam da existência de um homem que deixou toda a sua glória para se tornar um de nós e, através da expiação de sua carne, trouxe vida e juntou o homem novamente ao Seu Deus Criador!

Muitas vidas estão sendo salvas na África, através dessa estratégia evangelística! É comum vermos muçulmanos, com suas roupas típicas e seus chapeuzinhos na cabeça, parados, assistindo ao filme, do começo ao fim. Podem até não tomar uma decisão, mas pelo menos, ouviram e conheceram o caminho da verdadeira salvação, e não poderão dizer mais que nunca ouviram falar de Jesus, pois Deus tem nos levado até eles!

Por todo o ano de 2002 e 2003, Roberto viajou pelas aldeias e vilas fazendo evangelismo com o filme de Jesus. Ele havia conhecido Benjamim, que se mostrou um ótimo intérprete, traduzindo do português para o dialeto malawiano.

Benjamin foi um presente de Deus para a Sow Mission! Ele era filho de uma moçambicana com um malawiano, e falava tanto o português quanto o dialeto de Malawi e de Moçambique, e ainda arriscava bem o inglês.

Quando ele chegou em nossa casa para se juntar a nós, chegou trazendo uma sacola plástica, contendo apenas uma camisa e uma calça. Era pequeno e magro, mas era um homem de Deus, uma pedra a ser lapidada, um discípulo que aprenderia humildemente com seu líder como se tornar um homem de um Grande Deus!

Não gosto do termo "grandes homens de Deus", mas sim, "homens de um Grande Deus", pois Jesus nos ensinou que, para sermos grandes, devemos nos humilhar e nos diminuir.

Evangelização em massa nas aldeias de Malawi, com o filme de Jesus (2002)

E assim, viajando pelas vilas e aldeias do interior de Moçambique e Malawi, Pr. Roberto e seu ajudante Benjamin, foram levando a preciosa semente do Reino de Deus, muitas vezes chorando, outras sorrindo, mas fazendo o que Jesus nos ensinara, mostrando ao próximo o amor grande de Deus para com eles, na pessoa de Jesus!

Por outro lado, nossa igreja em Malawi caminhava a passos lentos. Era muito difícil para nós, pois não falávamos inglês bem e a maioria das pessoas falava em dialeto, por sinal muito mais difícil do que o dialeto falado em Dondo. Este eu até que conhecia um pouco e podia até arriscar uma pequena mensagem, mas o de Malawi era muito difícil! E ainda por cima, estávamos empenhados em aprender o inglês.

Como era difícil chegar ao local do culto, aos domingos, e ver ali presentes apenas treze pessoas, contando com a nossa família e a que vivia conosco!

Era muito diferente de Moçambique, pois lá, quando iniciávamos uma igreja numa semana, na semana seguinte o número de presentes já dobrava e daí por diante.

Mas Chigumula era um teste para nossa perseverança. Muitas vezes, sentimos vontade de desistir, mas Deus sempre nos encorajava a continuar!

No final de 2002, começamos a procurar um terreno para construirmos nosso templo, pois sentíamos que não iríamos morar por muito tempo em Malawi e, por isso, não queríamos deixar a igreja sem uma sede própria.

Finalmente conseguimos um terreno para construir a igreja, na Vila de Chapuleta, em Malawi, mas me assustei, quando cheguei àquele local, onde só reinavam a miséria e o alcoolismo.

As pessoas fabricavam sua própria bebida, uma cerveja feita de uma planta local, e ali mesmo elas vendiam e bebiam. Aquele era o comércio da vila. Em todas as casas, víamos os tambores em cima de pedras com fogo embaixo, fermentando a bebida que escravizava aquelas vidas. Próximo ao terreno onde seria construído o salão para os cultos, havia mais de 7 casas fabricando aquela bebida.

Achei o local bonito, no alto de uma pedra, com vista para toda a vila. De lá, podíamos ver as casinhas com seus telhados, alguns de chapa de zinco, outros de capim, espalhadas por toda aquela região. Oramos naquele local e declaramos que, muito em breve, aquelas pessoas iriam conhecer o verdadeiro Deus e iriam abandonar aquela prática pecaminosa do alcoolismo!

No final de 2003, começamos a sentir que nosso tempo em Malawi estava chegando ao fim. O que havíamos iniciado ali já estava consolidado e viver naquele país já não alegrava nossos corações.

Tínhamos planos de construir uma escola e um grande templo, mas não morando ali. Nossos filhos já estavam crescendo e queríamos dar a eles a oportunidade de viver em um país melhor, com mais infraestrutura e com melhores escolas.

Eles só conheciam o mundo de Moçambique e Malawi, países bem pobres, sem infraestrutura e sem perspectiva de desenvolvimento.

Passamos os dois últimos anos em Malawi bem ocupados, com as campanhas para o filme, a dificuldade na comunicação e o início da igreja.

E enquanto nos preparávamos para construir o pequeno salão em nosso terreno naquela vila, orávamos pedindo à Deus que nos dirigisse sobre onde deveríamos viver, quando saíssemos de Malawi.

Pensávamos em ir para o Brasil, mas o trabalho em Moçambique e Malawi estava crescendo muito e seria difícil dar apoio, morando no Brasil. Um amigo havia nos convidado para ir morar nos Estados Unidos e tinha até nos dado a carta para pegar o visto religioso para podermos trabalhar numa igreja de lá, mas não sentíamos a aprovação de Deus. E nosso alvo sempre foi realizar a vontade de Deus!

Decidimos, então, ir para o Brasil de férias e ao retornarmos, iríamos para a África do Sul. Por duas vezes no passado, tínhamos planejado nos mudar para lá, mas Deus havia mudado nossos planos, por não ser aquela a hora certa. A primeira, em 98, quando planejamos abrir uma base de JOCUM em Johannesburg e Deus nos levou de volta a Dondo, onde iniciamos a Implantação de Igrejas; e a segunda, em 2001, quando planejamos morar lá e Deus nos levou para Malawi, onde implantamos uma igreja e ganhamos muitas almas com aquele filme.

Mas eu sentia que agora havia chegado o tempo de Deus para irmos para a África do Sul!

Como não tínhamos dinheiro para construir a igreja, decidimos vender as poucas coisas que tínhamos em Malawi como geladeira, televisão, fogão, cama e colchão e usar o dinheiro para construir, pelo menos, um pequeno salão, onde eles pudessem se reunir, enquanto estivéssemos no Brasil. Quando voltássemos, começaríamos a fazer campanhas para iniciar a construção do Templo Sede em Malawi.

E assim, vendemos nossas coisas e deixamos, aproximadamente, 1.500 dólares com o Benjamin, que já se tornara o pastor da igreja. Daria para construir um salão pequeno, de 8x4 metros, suficiente para o grupo que tínhamos, e na volta, iniciaríamos a construção do templo sede.

Nosso tempo no Brasil foi maravilhoso. Era sempre bom rever nossa terra e nosso povo.

Mas agora, era hora de começarmos outra história, em um novo país. Só que, dessa vez, na África do Sul, um país bonito, bem estruturado e com uma ótima economia. Bem diferente dos países que havíamos vivido, até então...

## Capítulo 26

# Novo tempo em Johannesburg

*"Que Deus há como o nosso que trabalha*
*para aqueles que Nele esperam?"*

Chegamos na África do Sul em janeiro de 2004 e, graças à ajuda dos nossos amigos, Pr. David e Adriana, nós conseguimos o visto de trabalho.

Não sei por que, mas todas as vezes que nos mudávamos para um novo país, tínhamos que passar por uma nova prova. Em Moçambique, roubaram tudo o que tínhamos, tivemos muitas malárias e sofremos muita oposição para construir a igreja. Em Malawi, um ladrão abriu nosso carro e roubou o nosso laptop. E agora, na África do Sul, uma nova prova nos aguardava.

Desde a minha conversão, aprendi a ver as lutas como sendo uma ponte que temos que atravessar para chegarmos até as bênçãos que temos buscado, pois sem lutas, não há vitórias!

Mas não é fácil! Ninguém passa por uma provação sorrindo, mas chorando, clamando pelo agir do Senhor, pois as lutas são sempre bem mais fortes do que nós e precisamos muito do Poder de Deus para vencê-las! Além disso, as provas também servem para revelar o poder de Deus em ação e isso faz com que nossa fé nEle aumente sempre mais.

Por isso, acho que deveríamos ter mais garra e determinação durante os períodos de provas, pois pelo menos, estamos aprendendo!

Em fevereiro de 2004, vivendo há menos de um mês em Johannesburg, Roberto chegou em casa com o rosto estranho, as mãos sobre o peito e reclamando de dores e dificuldade de respirar. Já era noite e nossos filhos já estavam dormindo.

Olhei para ele assustada, coloquei meus ouvidos sobre o coração dele e notei que, em certos momentos, o coração dele batia acelerado, e daí a pouco, parava. Durante aquelas oscilações cardíacas, ele ficava sem forças e fraco, olhando para mim.

Pedi a um pastor que morava perto de nós que nos ajudasse a ir ao hospital, pois eu sentia que algo de muito sério estava acontecendo e era preciso buscar ajuda médica. Fizemos uma oração, antes de sair, e seguimos para o hospital que ficava perto de onde estávamos alojados naqueles dias.

Quando chegamos lá, a atendente disse que iria ligar para a casa do médico que fazia o plantão naquela noite, para que ele viesse nos atender. E assim, ficamos ali por quase uma hora, esperando o doutor do plantão!

Quando ele chegou, Roberto fez os exames e o eletrocardiograma acusou que ele estava tendo um ataque cardíaco. Para nossa surpresa, o médico disse que deveríamos retornar para casa e voltar no dia seguinte, para consultar o cardiologista!

Desesperada, olhei para ele e perguntei:

- Doutor, o senhor está me dizendo que meu marido está tendo um ataque cardíaco e que eu devo levá-lo para casa e esperar até o outro dia, para que ele tenha um atendimento?

Ele olhou para mim e respondeu que sim!

Comecei a me sentir miseravelmente sozinha e amedrontada! Olhei para Roberto, mas não chorei, pois minhas lágrimas só iriam piorar a situação dele!

Voltamos para casa e, mais uma vez, olhei meus filhos dormindo no chão, pois havíamos acabado de chegar na África do Sul e ainda não havíamos comprado nada. Senti um medo grande naquele momento. Eu olhava Roberto sentado na cadeira, ofegante para respirar, sem conseguir se deitar, pois doía mais quando ele se deitava, e depois olhava meus filhos, dormindo.

Naquele momento, uma pressão espiritual tomou conta daquele quarto. Era fácil sentir a presença de espíritos malignos, como se a morte estivesse nos rondando!

Tive vontade de fugir dali, de gritar por socorro, mas consegui me controlar e comecei a orar em voz alta, numa mistura de choro e oração, para que Roberto, eu mesma, os céus e o inferno me ouvissem!

*"Senhor, o mar está agitado, as ondas estão vindo com uma fúria total contra nós, o medo de ser levado pela fúria do vento é grande, mas Senhor, eu sei que Tu estás conosco no barco, eu sei porque o Senhor nos prometeu que sempre estaria conosco, independente do que estivéssemos passando. Sua promessa é estar sempre conosco, Jesus, e eu*

*creio que Tu estás aqui agora, presenciando este momento e esperando o tempo certo para agir e trazer a Sua calmaria! E por acreditar que Tu estás aqui, eu e Roberto iremos nos deitar e dormir tranquilamente, porque Tua Palavra nos prometeu que em paz nos deitaremos e dormiremos, pois só Tu, Senhor, nos faz repousar em segurança!"*

Assim que acabei a oração, eu chorava por dentro e por fora, sentindo a urgência de ver aquela agitação toda se acalmar. Nesses momentos, conseguimos fazer nossas orações ainda mais fortes!

Pouco depois, senti o quarto claro novamente, aquela opressão e o medo indo embora, deixando no seu lugar uma sensação boa de paz e confiança!

Disse a Roberto que se deitasse e dormisse, que o perigo já havia passado e ele se deitou. Mas nos primeiros momentos, eu ainda coloquei meu ouvido sobre o coração dele, para me certificar de que estava tudo tranquilo!

Na manhã seguinte, fomos ao hospital novamente e o cardiologista mandou Roberto fazer vários exames de sangue, só que o resultado só sairia em uma semana! Imaginem se Deus não tivesse curado meu marido!

Mas o milagre aconteceu naquela noite mesmo, quando fiz aquela oração de fé, pois os exames apresentaram ótimos resultados e o cardiologista disse que o coração de Roberto estava ótimo, que ele não sabia o que havia acontecido!

Consultamos outro cardiologista, em uma clínica particular, pois uma igreja enviou-nos uma oferta especial para isto, mas este médico também disse a mesma coisa, que o coração de Roberto estava ótimo e que os exames computadorizados que ele fez não apresentaram nada.

Ele deduziu que Roberto deve ter tido uma fibrilação, mas também nada ficou comprovado.

Mas nós sabíamos que Deus havia feito um milagre naquela noite, naquele quartinho dos fundos onde estávamos hospedados!

Depois daquele susto, começamos a procurar uma casa para morar, pois na África do Sul, era muito mais barato comprar nossa própria casa financiada e pagar ao Banco do que pagar aluguel.

Havíamos conseguido trazer dez mil dólares do Brasil. Não era muito, mas já serviria para dar de entrada.

Um dia, procurando num jornal, vi uma casa que se encaixava dentro das nossas condições. Além disso, era bem bonitinha e tinha um preço baixo também! Ouvi claramente Deus me dizer:

*"Esta é a sua casa!"*

Mas parecia complicado, pois naquele tempo, só se podia comprar casa ali no próprio nome, quem tivesse residência na África do Sul e nós só tínhamos o visto de trabalho. Portanto, o Banco não iria nos emprestar dinheiro para comprar aquela casa.

Só que eu ouvira Deus dizer que aquela era nossa casa, então, sempre que vinha a dúvida, eu me lembrava do que Ele me dissera!

Fomos à agência onde a casa estava sendo vendida, vimos a casa e quando explicamos ao agente nossa situação, ele disse que realmente só poderia comprar a casa, quem fosse residente. A não ser que tivéssemos 20% para darmos de entrada e o Banco emprestaria o restante. Mas nós não tínhamos.

Naquele momento, o dono da agência entrou e perguntou o que estava acontecendo. Quando nosso agente explicou para ele, ele nos olhou e disse:

- Não sei por que, mas sinto vontade de ajudá-los. Vou colocar meu nome junto com o de vocês para que o Banco aprove o empréstimo.

Ficamos surpresos, pois mesmo sem nos conhecer, aquele homem decidira entrar como nosso avalista. Sabíamos que aquilo vinha de Deus, pois que Deus há como o nosso que trabalha para aqueles que Nele esperam?

Alguns dias depois, enquanto limpava a nossa linda casinha para nos mudarmos, lembrei-me do meu tempo em Moçambique e Malawi, dos lugares onde havia morado e da vida que tinha tido.

Lembrei-me daquele dia, grávida da Thaís, indo para a cidade de Beira, naquele pequeno ônibus, apinhado de gente, e daquele braço sobre a minha cabeça, com aquele cheiro insuportável de suor e eu sem poder mover os meus pés do lugar, de tão cheio o carro estava. Lembrei-me das minhas lágrimas e de ouvir o Senhor me dizer:

*"Um dia, minha filha, você terá tudo o que desejar o teu coração, mas agora é o seu tempo de passar por isto".*

Eu não estava me mudando para nenhuma mansão, mas para nós, era a casa mais linda do mundo, pois era a nossa primeira casinha!

Hoje vejo, que quando Deus nos levou a morar em Malawi, Ele tinha dois planos em mente: a pregação do Evangelho e uma oportunidade de guardarmos dinheiro para darmos entrada na nossa casa na África do Sul.

E isso era verdade, pois durante os dois anos e três meses que moramos em Malawi, não tivemos como retirar o dinheiro que entrava em nossa conta no Brasil, sustento que recebíamos das igrejas de Campo Grande e Vitória, pois não havia, naquela época, caixas eletrônicos para que pudéssemos retirar o dinheiro com o cartão de crédito, nem o cartão de Roberto era aceito nos bancos.

Assim, vivemos mais de dois anos em Malawi, em péssimas condições, contando apenas com o pouco dinheiro que recebíamos dos Estados Unidos.

Mas Deus sempre supria o necessário e esse dinheiro que não conseguimos tirar da conta de Roberto, acabou se transformando numa espécie de "poupança forçada", que muito nos ajudou em nossa nova vida na África do Sul.

## Capítulo 27

---

## "Growing Together"

*"Os sonhos, para nós, são como o combustível
que sustenta nosso chamado."*

Depois de nos mudarmos e colocarmos nossos filhos numa escola, começamos a nos preocupar com nosso trabalho em Moçambique e Malawi.

O carro que tínhamos já estava velho e não correspondia mais às nossas necessidades, pois estávamos a 2.100 km de Beira, em Moçambique, e a 2.800 km de Blantyre, em Malawi. Além disso, víamos um novo ministério a nossa frente, pois agora já não estaríamos apoiando uma igreja local, apenas, mas várias igrejas em diferentes locais, e isso exigiria mais trabalho e mais necessidade de recursos.

Era uma nova fase para nossas vidas e para nosso ministério que estava se iniciando naquele ano de 2004. Sentíamos felizes por estarmos vivendo ali, e pensávamos até em montar um escritório para divulgar melhor nosso trabalho dentro e fora da África.

Em Moçambique, o número de igrejas já havia aumentado para 13, em 2004, e em Malawi, o pequeno salão já não dava mais para o número de crentes.

O Pr. Benjamin era um homem de oração e através de seu ministério, Deus estava curando e salvando muitas vidas. Era uma benção mesmo!

Pr. Roberto fazendo tijolos, em Malawi. (2004)

Todos os vizinhos da igreja estavam indo aos cultos e já não se viam pessoas bêbadas nem tampouco fabricando cerveja caseira. O clima espiritual era outro e muitos tinham sido transformados pelo Poder de Deus! Começamos, então, a fazer tijolos, para dar início à construção de um templo em Malawi, com 8m de largura e 15m de comprimento.

Em outubro de 2004, Roberto começou a se preparar para ir, pela primeira vez aos Estados Unidos, para conseguir apoio para a construção da igreja em Malawi.

Enquanto isso, em meu coração crescia o desejo de construir uma boa escola naquela vila, pois não havia nenhuma escola nos arredores e meu coração doía ao olhar aquelas crianças sujas, sem família, rolando pela terra, sem nenhuma perspectiva de vida. Não sabiam inglês, falavam apenas no dialeto delas, pois não iam à escola, e muitas não se alimentavam bem, só comiam aquela polenta branca, com peixe seco ou folhas cozidas.

Sempre que eu ia ou voltava de Malawi, mais certeza eu tinha de que precisávamos fazer algo por aquelas crianças. Muitas eram órfãs, pois muitos pais jovens estavam morrendo com Aids, e outras eram portadoras do HIV e estavam doentes, magras.

Passei a sonhar com um mundo melhor, um futuro mais promissor para aquelas crianças. Mas tudo era muito limitado, pois nossos recursos eram bem escassos. Em compensação, nossa fé era gigantesca e era ela que nos fazia mover, sonhar, divulgar, pedir e ir em busca de ajuda!

Iniciamos a construção da igreja sede em Malawi, em fevereiro de 2005, pela fé, porque as ofertas que Roberto havia trazido dos Estados Unidos não dariam para concluir a construção. Mas, pelo menos, a maior parte dela ficaria pronta.

Em julho de 2005, finalmente, inauguramos o Templo Sede em Malawi.

Primeira igreja construída e implantada na Vila Chapuleta.
(Malawi, 2005)

Lembrei da nossa ida para aquele país, das dificuldades com a língua, do momento em que fomos olhar aquele terreno, dos bêbados pelas casas e pelas ruas. Tudo agora estava diferente. Uma nova comunidade surgira naquele local com a chegada da Igreja do Senhor Jesus.

A Luz brilhara na Vila Chapuleta!

O Evangelho faz isso. A Luz brilha e dissipa as trevas, afasta o mal, transforma vidas, vilas, comunidades e até mesmo uma nação inteira! Grande é o poder do Evangelho e a Igreja de Cristo não pode parar de pregar este Evangelho, de fazer Missões!

Como pessoas salvas por Ele, temos uma responsabilidade grande diante de Deus, de proclamar esta salvação a outros povos, línguas e nações. E ali estávamos nós, na terceira Nação de África, alcançando vidas para Cristo!

Com a inauguração do Templo, usamos o salão, onde antes realizávamos os cultos, para começar nossa escolinha em Malawi, que seria chamada de "Growing Together", que significa "Crescendo Juntos".

Era um nome profético, pois acreditávamos que o crescimento na vida daquelas crianças seria completo, tanto físico, como social, cultural e espiritual. Afinal, nenhum missionário, pastor ou líder de qualquer departamento crescerá em seu ministério se não sonhar! Os sonhos, para nós, são como o combustível que sustenta nosso chamado. Ele é aceso pelo fogo da fé e queima nossa alma e nosso coração para que possamos ir atrás daquilo que, aos nossos olhos e aos olhos de muitos, parece impossível, mas sabemos que para Deus, não!

Se somos nós quem fazemos a vontade de Deus na terra, então precisamos ousar!

Começamos com um grupo de 53 crianças e, por isso, dividimos aquele salão em duas salinhas, e demos início ao nosso ministério, com o sonho de aumentar aquele número de crianças o mais rápido possível. Queríamos construir uma escola com infraestrutura melhor, onde as crianças pudessem estudar até o final do ensino fundamental, mas nossos recursos ainda não nos permitiam.

Mas pelo que já tínhamos conseguido naqueles 14 anos de experiência na África, sabíamos que Deus não demoraria para realizar nossos sonhos!

Me alegrava ver nossas crianças indo para a escola com seus uniformes azuis, alguns limpinhos, outros sujos de poeira vermelha, mas lá estavam eles, caminhando vitoriosos para um futuro que até então era desconhecido para eles.

Outra grande preocupação que tínhamos era com relação à alimentação, pois muitas delas, senão todas, iam para a escola sem comer absolutamente nada. E em muitos casos, também não tinham o que comer nem quando voltavam para suas casas!

Nossa igreja e nossa escola ficavam localizadas numa área muito pobre, onde o desemprego era grande também! Por isso, tínhamos urgência de alimentar nossos pequenos alunos, com uma refeição nutritiva, gostosa. Para eles, comer carne ou beber leite, era algo totalmente fora de sua realidade, mas eu queria dar isso para eles, e pela fé eu iria conseguir!

Não era fácil alimentar aquele pequeno batalhão de 53 pessoas e pagar aos professores e ao pessoal da cozinha e da limpeza, mas espremendo daqui e dali, íamos levando. E a cada dia, o aspecto das nossas crianças melhorava mais.

Em maio de 2006, fui aos Estados Unidos divulgar nosso novo ministério e consegui apadrinhar nossos pequenos tesourinhos, pois estava ficando cada vez mais difícil para nós. Havíamos iniciado um novo Centro Infantil em Moçambique, com crianças que haviam perdido seus pais com Aids, e muitas delas eram também portadoras do vírus.

Agora tínhamos 82 crianças que dependiam totalmente de nós e todos os dias eu precisava conseguir ajuda fora, para continuar fazendo o melhor por eles! Ao chegar em Miami, tive oportunidade de conversar com um

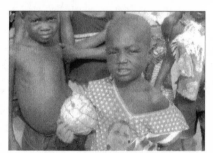

Crianças órfãs de Malawi

pastor de uma igreja americana, que Roberto havia conhecido e conversado com ele sobre o nosso trabalho. Como ele estava muito interessado em nos ajudar, me deu 2.500 dólares, para dar início à construção da escola, e disse que em agosto iria à Malawi nos ajudar com o término da construção.

Meu coração se encheu de alegria!

**Primeira escola construída em Malawi (2006)**

Tenho aprendido, com meu caminhar com Deus, que dinheiro não é problema nem empecilho para realizarmos Sua obra, e sim, nossos corações!

Muitas vezes até temos boas intenções, mas somos egoístas, buscamos primeiro nosso bem-estar e conforto e só depois nos preocupamos em ajudar a quem precisa! Mas uma coisa eu tenho colocado em prática na minha vida: cuidar primeiro dos pequeninos de Deus, buscar seu bem-estar, suprir o alimento, a educação e o ensino da Palavra, enquanto Deus cuida dos meus filhos e de nós. Assim tem sido em todos esses anos, e nada tem nos faltado!

Uma dessas crianças a quem ajudamos foi Stanley Makwiti, um menino de 8 anos que tinha os pés torcidos para trás e não podia caminhar bem. Seu grande sonho era calçar sapatos e jogar futebol. Mas como, com os pés daquela forma?

Ele começou conosco em 2005 e vivia sempre triste e calado. Decididos a ajudar o Stanley, falamos dele para alguns irmãos que me ajudaram a descobrir, bem próximo a nós, uma clínica que corrigia defeitos como aquele. Que alegria!

Imediatamente, fomos lá, em busca de ajuda, e com a Bondade de Deus nos assistindo, conseguimos internar o Stanley para fazer três cirurgias.

Também pagamos a uma pessoa para estar com ele no hospital, dando banho e alimentação, durante os dois meses que ele passou lá. Mas valeu a pena, pois seus pés ficaram

Stanley, após a 1ª cirurgia.

quase perfeitos! Quando lhe calçamos o primeiro sapato, Stanley não conseguia tirar os olhos dos pés! A partir daí, andar normalmente ou correr atrás da bola, deixou de ser um sonho impossível para ele. Hoje Stanley está concluindo seus estudos e quer fazer Teologia para ser pastor!

Em Dondo, Moçambique, nosso projeto social também ia crescendo cada vez mais! Enquanto a Missionária Ana Maria cuidava da direção da escola, eu e Roberto buscávamos os recursos e cuidávamos da construção. E assim, mais

Stanley adulto

e mais crianças iam sendo salvas e tendo a oportunidade de se alimentarem!

A grande razão da educação ser tão fraca na África é por falta de uma boa alimentação para as crianças! Muitas vão para a escola sem terem jantado na noite anterior, pela manhã não comem nada e ainda caminham distâncias enormes até chegarem à escola. Isso dificulta muito o aprendizado, por isso, construir boas escolas e prover o alimento sempre foi nossa preocupação!

Após uma viagem para os Estados Unidos, conseguimos levantar 7 mil dólares para construir 6 salas de aulas e aumentar o número de estudantes.

Conseguimos também patrocinadores para provermos almoço, uma vez que estávamos numa comunidade com muitos óbitos, devido ao hiv/aids. Havia muitas crianças que tinham perdido seus pais, vítimas do hiv/aids, e estavam agora vivendo com seus avós, já velhos e sem nenhum recurso.

E assim fomos trabalhando, buscando ajuda, até que, em 2008, inauguramos a "Growing Together Primary School" em Malawi, que ia da educação infantil até o 5º ano, servindo refeições e acolhendo mais de 250 crianças órfãs, vítimas do HIV/Aids! Como era prazeroso ver que havíamos conseguido, depois de tanta luta e esforço!

Como diz a Palavra do Senhor, *"tudo o que te vier às mãos para fazer, faze-o, conforme as tuas forças, pois na sepultura, para onde vais, não há trabalho nem obras."*

Por isso, aproveito o dia de hoje para servir ao meu Deus e ao povo que Ele me deu para servir!

E louvo a Deus pelas igrejas e pastores que nos receberam e ajudaram na construção desta escola! Hoje temos até o 7º ano e 340 crianças cadastradas! Já formamos mais de 5.000 alunos, somente em Malawi, e alguns já estão no mercado de trabalho, graças à nossa iniciativa! Mas continuamos buscando padrinhos para manter, anualmente, a boa educação e a alimentação de todas essas crianças.

Enquanto isso, já havíamos construído um templo maior e melhor para a nossa congregação em Malawi e o Pr. Benjamin se tornava, a cada ano, um líder melhor, grande evangelista e homem de jejum e oração. Tudo isso contribuía muito para o avanço da obra. Porém, nenhuma de nossas igrejas estava situada em área de boas condições financeiras, ao contrário, todas elas ficavam em áreas carentes, o que nos levava a viajar e buscar ajuda fora sempre!

Incrível como nunca existirá um limite para quem anda com Deus, pois "o céu é o limite". Quantas vezes achamos que já realizamos todos os nossos sonhos e de repente aparece um sonho mais audacioso do que todos os anteriores?

Pois é, conosco não foi diferente! Em 2007, ao ver aquele monte de crianças órfãs, em Moçambique, também vítimas do hiv, uns morando debaixo de coberturas de plástico com suas avós já velhinhas e frágeis, outras com suas mães fracas também infectadas pelo vírus, aquilo mexeu com a minha alma! Como ignorá-las? Como não ouvir o clamor de tantas vozes? Eu não poderia!

Foi assim que iniciamos a Escola e Creche "Kukula Pabodse"- Crescendo Juntos, a primeira escola em Dondo!

Hoje ela possui sedes em 4 cidades de Moçambique, atendendo a mais de 800 crianças, ensinando, oferecendo alimentação e cuidados com a saúde e também ensinando a Palavra de Deus.

Mas parou por aí? Não! Em 2009, nos mudamos para Chimoio. Eu não entendia a razão de deixarmos tudo em Johannesburg e voltarmos com nossos filhos para Moçambique, novamente, mas só depois entendi!

Havia um grupo de, aproximadamente, 120 órfãos carentes de cuidados, na Comunidade de Nhaurir-Chimoio, e nós fomos procurados por um pastor para que os ajudássemos! Como recusar?

Nós os encontramos em maio de 2009, e olhando aquelas crianças sujas, magras, nos vimos impelidos por uma força dentro de nós, e mais uma vez, a fé e o amor gritaram mais alto.

Não tínhamos nada, além de um terreno e um quarto caindo de velho e sem piso. Três meses depois, em agosto, iniciamos o Kukula Pabodse em Nhaurir-Chimoio, em Moçambique!

Ali eu vi grandes milagres! Eu vi Deus curando crianças de Aids, de surdez, e até da possessão de espíritos maus!

Sempre pensei que somente adultos ficavam possessos, até iniciar a escola em Chimoio!

Como foi complicado lidar com algumas crianças no início, mas o amor, a oração e a Palavra foram operando grandes milagres naquelas vidinhas, e com muita dificuldade, fomos crescendo e ficando maiores!

A "escolinha" logo se tornou uma escola de ensino fundamental, funcionando até o 5º ano!

Que maravilha ver Deus operando em nosso ministério, nossa vida, nos permitindo crescer e avançar sempre!

Tudo isso só tem funcionado bem, porque a igreja de Cristo, Seu Corpo, tem entendido sua parte em Missões e tem contribuído financeiramente para que continuemos salvando vidas na África!

O Deus da Provisão tem sido Fiel e tem movido os corações para nos ajudar a servir com educação, salvar e discipular vidas, construir igrejas, escolas e clínica nesses dois países da África! A Ele, toda a honra, glória e louvor! Ele prometeu que estaria sempre comigo, que nunca me desampararia, e vejo sua Fidelidade em cada momento do meu caminho.

Na parte de implantação de igrejas, também avançamos muito nesses dois países. Temos hoje cerca de 60 igrejas em Moçambique e 42 em Malawi, todas pastoreadas por nossos obreiros que foram salvos e preparados para abrirem novas congregações!

A visão do discipulado, do treinamento de líderes, para que eles mesmos ganhem o seu povo para Deus, tem sido a razão do grande avanço que temos tido! Muitas aldeias e vilas em Moçambique e Malawi, países onde operamos, ainda se encontram nas trevas, comandadas por curandeiros, por isso, precisamos continuar preparando obreiros e enviando-os para evangelizar e alcançar mais vidas para o Reino de Deus!

Ninguém melhor para evangelizar a África do que o próprio africano, pois ele fala a sua própria língua, come de forma simples e dorme em esteiras, se preciso for, bem diferente de nós, brasileiros ou de qualquer outra cultura!

Nós os preparamos os e enviamos e eles estão dando continuidade a esta Missão! Nosso grande desafio, ainda hoje, é levantar recursos para manter esta missão, pois os lugares são muito pobres e não há contribuição financeira.

Hoje temos grandes líderes, como por exemplo, nosso filho Caetano Matambo, que veio para Jesus no ano de 1998. Naquela época, ele era bem confuso e rebelde, porém muito inteligente. Lembro-me do que eu disse a ele: "Você será o homem que Deus quer que seja!" Hoje ele coordena mais de 35 igrejas na região de Sofala-Mocambique.

Temos também o pastor Simão Macorreia, que coordena 8 igrejas na região sul, o pr. João Salane, da região de Manica, que coordena mais de 17 congregações e o Pr. Benjamim, em Malawi, que coordena 40 igrejas.

Esses nossos líderes principais formam as igrejas e coordenam os outros pastores, enquanto nós treinamos os obreiros e os enviamos para outros centros de preparação, buscamos os recursos para ampliarmos as construções e ajudar alguns pastores, como também construímos e administramos as escolas. Tudo isso em dois países e em distantes cidades. Mas sempre firmes e fortes no cumprimento do nosso chamado!

## Capítulo 28

## Um sonho audacioso

*"Deus é Deus de coisas grandes!"*

Minha amiga Nilsara Piereck teve a infelicidade de perder seu amado esposo de uma forma bem triste, e sem motivação para continuar vivendo, perguntou a Deus o que seria dela, a partir de então.

Deus, então, lhe mostrou o amor que Cláudio tinha pelas crianças da África e do quanto ele se esforçara em vida para ajudá-las com o Kukula Pabodse. Logo, uma chamazinha de esperança acendeu em seu coração, e um dia, resolveu me ligar.

Após abrir seu coração, me perguntou o que poderia fazer para me ajudar melhor com as crianças!

Nilsara não era rica, era apenas uma batalhadora, como a maioria das pessoas que nos ajudam financeiramente. Mas eu já descobri, na minha caminhada de fé, que Deus não precisa de homens e mulheres ricas para doarem e fazerem a obra crescer. Ele precisa de corações sensíveis, que amem a Deus e ao Mundo que Ele criou! Que se importem e se tornem parte, seja com que valor for!

Nilsara e Cláudio sempre se preocuparam e se esforçaram, quer seja, vendendo coisas usadas ou buscando ajuda com um e com outro. E por todos aqueles anos, estiveram juntos conosco fazendo a obra! E agora, ali estava ela me perguntando qual a nossa necessidade naquele momento! Ora, perguntar isso a uma pessoa como eu, que vivo a mil por hora, com inúmeras responsabilidades era loucura! O que eu poderia responder a minha amiga?

Fechei os olhos por alguns instantes e logo pensei na Vila da Chapuleta, na quantidade de pessoas doentes infectadas com HIV, na quantidade de morte por malária, na situação crítica de saúde de nossas crianças na escola, e imediatamente respondi:

- Uma clínica! Vamos construir uma clínica para dar assistência à comunidade de Chapuleta!

Que sonho audacioso! Uma clínica médica dentro daquela comunidade! Que loucura estava eu propondo para minha amiga?

Isso aconteceu em janeiro de 2017. No mês de setembro, lá estávamos nós inaugurando a "Clínica Piereck", nome dado em homenagem ao nosso querido Cláudio Piereck, marido de Nilsara.

Hoje, são muitos os atendidos ali, e o número de óbitos tem diminuído bastante naquela comunidade!

Clínica Piereck, em Chigumula-Malawi. (2017)

Deus é Deus de coisas grandes! Temos que ousar mais! Temos que sonhar com coisas grandes, pois servimos a um Deus Grandioso!

## Capítulo 29

---

## Lutando por nossos filhos

*"Existe um rebanho dentro de nossa casa, que*
*precisa ser cuidado, alimentado e guiado."*

N esse meio tempo, com nossos filhos crescidos, vimos a necessidade de iniciar uma igreja, onde eles pudessem se envolver na obra e descobrir os planos de Deus para suas vidas!

Nós, missionários, precisamos nos superar em tudo, pois não basta fazer a obra fora, existe um rebanho dentro de nossa casa que precisa ser cuidado, alimentado, guiado!

O maior fracasso de um missionário, pastor, líder é ver seus filhos se perderem! Imagino que deve ser uma dor terrível!

Muitas pessoas pensam que só porque somos missionários, nós somos seres espirituais que, a um toque de nossas mãos, tudo se transforma. Mas não é bem assim! Todos nós passamos pelas mesmas provas, privações e dificuldades que qualquer pai e mãe e também temos que lutar por nossos filhos!

Thaís e Lucas sempre foram diferentes. Sabíamos que amavam a Deus e creio ter sido isso que não nos deixou perdê-los, mas foram adolescentes um tanto quanto "trabalhosos" e bem voltados "para as coisas do mundo". Acho que a curiosidade da adolescência e as amizades da escola desenvolviam neles uma certa rebeldia que me preocupava demais!

Eu chorava durante as madrugadas aos pés do Senhor, clamando por eles! Quantas orações, quantas lágrimas! Tinha medo de trabalhar tanto para alcançar vilas dentro de Moçambique e Malawi com a pregação da Palavra, viajar quilômetros para fazer os treinamentos de líderes, construir escolas e buscar recursos para alimentar crianças, e acabar perdendo meus filhos!

Era uma batalha terrível que eu travava, pois eu via o chamado de Deus em suas vidas, sabia que eles amavam a Deus, e cabia a nós, seus pais, lutarmos por eles!

E assim foi no tempo do primeiro namorado dela, da primeira namorada dele, dos amigos esquisitos do basquete dele ou da escola de ambos, da chegada à Universidade, das festas e das saídas com regresso bem tarde! Acho que a maioria dos pais entende bem esse processo!

Conosco não foi diferente! Em 2013, quando minha filha ouviu a voz de Deus dizendo para ela que não estava abençoando sua união com o então noivo, nos vimos, mais uma vez, sendo testados na fé como pais! Ver um filho sofrendo nunca é bom, e vê-la perdida, depois de tudo planejado para se casar, foi muito ruim!

Mas Deus nunca nos dá uma prova sem que venham o escape e o crescimento juntos!

Crescer sempre é doloroso para todos e naquele período difícil de sua vida, ela orou e Deus abriu todas as portas para que ela fosse para Hillsongs, na Austrália, fazer a escola de Adoração e Liderança. Em 2015, ela se foi para se preparar, a fim de fazer o que sempre amou: louvar e adorar a Deus!

Por coincidência, Lucas, nosso filho, começou a nos preocupar também em 2015! Quando minha filha se torna mais adulta e acaba encontrando seu foco na vida, Lucas entra para a faculdade de Mídia e começa a se envolver com gente bem diferente do nosso convívio!

Ao retornarmos para a África do Sul, em 2015, após um longo período de divulgação no Brasil, encontramos um grande desafio pela frente: lutar e resgatar nosso filho de volta pra Deus!

Que doloroso foi aquilo, quando vi meu filho fazer as malas e sair de casa, depois de uma discussão forte com seu pai.

Confesso que a lição que aprendi com Deus naquele dia mudou completamente o que eu entendia sobre autoridade espiritual! Nós falamos sobre autoridade, achamos que estamos exercendo autoridade, mas será que realmente entendemos o que significa ter "autoridade espiritual"?

Naquele dia confuso do mês de junho de 2015, eu aprendi! Me lembro que em 2008, meu querido pastor Luís Andrade, nos chamou ao telefone para compartilhar algo tremendo conosco!

Pr. Luís Andrade é uma dessas pessoas que vivem em oração. Seu maior prazer é orar e, se fosse por ele, passaria 25 horas em oração, na presença do Pai! Temos um grande respeito por ele!

Naquele dia, ele estava eufórico pelo telefone, dizendo que quando estava orando por mim e por Roberto, ele pediu a Deus que lhe mostrasse quem éramos nós para Deus, qual o nosso valor para o Reino de Deus. E qual não foi a sua surpresa, quando Deus lhe mostrou como éramos diante Dele!

Ele disse que vestíamos uma roupa diferente, especial, com muitas medalhas, o que revelava, claramente, nosso posto e posição. E atrás de nós, havia um grande exército! E Deus lhe dizia: "Roberto e Célia são generais de um grande exército e estão vestidos de acordo com o posto que ocupam!"

Meu pastor disse que era algo tão lindo, que ele pediu a Deus que lhe desse a mesma roupa, mas Deus lhe disse que somente quem exercia o trabalho que exercíamos poderia usar aquela roupa!

Ao final, ele me disse: "Se antes eu já admirava vocês, agora admiro ainda mais! Vocês são especiais no Reino de Deus!"

Que coisa tremenda! Nós andamos aqui na terra, mas não somos daqui, somos cidadãos do céu! Nós temos uma identidade celestial, diante de Deus!

Que revelação gloriosa foi aquela! Confesso que fiquei horas degustando cada palavra que ouvira. E justamente naquele ano de 2015, num dos momentos mais complicados de minha vida como serva de Deus e mãe, eu vi a força dos sentimentos e a verdade sobre autoridade espiritual!

Após nosso filho arrumar a mala e sair de casa, senti como se tivessem me cravado um punhal no peito, era muita dor! Eu chorava sem parar, tudo parecia sem sentido!

Decidi orar e, enquanto orava, travei a maior batalha de minha vida. Eu, literalmente, me via diante de Satanás e com uma autoridade inexplicável, lhe dizia: "Tire as mãos do meu filho! Eu não gerei filho para você, eu gerei filhos para Deus, ele pertence a Deus! Eu tenho autoridade sobre a vida dele e não te permito tocar nele. Devolve meu filho, agora, em nome de Jesus!"

Ao mesmo tempo, eu me voltava para Deus em oração e dizia: "Deus, eu quero meu milagre para agora, não é para amanhã nem depois, é para agora, Pai, em nome de Jesus!"

Oração com batalha espiritual! Eu sabia que poderia perder meu filho para sempre! Terminei minha oração e era como se eu tivesse perdido toda a minha força, estava cansada, mas aliviada!

Em 30 minutos, meu filho entrou em casa e, aos prantos, sentou-se em frente de mim, dizendo:

- Mãe, me ajude! Eu não quero viver uma vida de pecado, nas drogas e nas orgias, eu não fui criado assim, não foi isso que vocês me ensinaram, me ajude!

Olhei para meu filho, segurei em suas mãos e orei com ele: "Pai, seja o que for que o Senhor tem para o Lucas, me deixe saber agora, Senhor!"

Ao terminar a oração, abri a página do Google e escrevi: escola da Bíblia e mídia na América. Logo surgiu: "Victory Bible College".

Conclusão: 15 dias depois, nosso filho partiu para a América, onde se prepararia para ser pastor!

Hoje, nosso filho Lucas Roberto é o Pr. Lucas Santos e está pastoreando jovens na Keypoint Church, em Kansas, e está casado com Brittany. Ou seja, aquele menino que sempre me preocupou pelo seu jeito inquieto, tornou-se um homem cheio do Espírito Santo! Batalha vencida, autoridade exercida!

Minha filha Thaís e seu esposo, Kola Adebayo, e o filhinho deles, Iyanu, se preparam para ir para a JOCUM, na Swazilandia, buscarem mais a Deus e conhecerem seus propósitos para eles juntos, como família! Ver nossos filhos servindo a Deus hoje nos traz um grande alívio e gratidão, mas para isso, tivemos que enfrentar muitas lutas!

Célia e Roberto com seus filhos, Lucas e Thaís.

## Capítulo 30

## Final

*"Não te deixarei nem te desampararei."*
*(Hebreus, 13:5)*

Fazer Missões, ter filhos e criá-los dentro do nosso mundo requer muita sabedoria e misericórdia de Deus! Nenhum missionário ou pastor deve se esquecer de que seu primeiro rebanho são os que estão dentro de casa, depois vêm os de fora, que são a obra!

Na preocupação de servirmos a Deus, de alcançar almas para Cristo, de construir igrejas e projetos, corremos o risco de deixar de lado nossos cônjuges e filhos e isso, um dia, trará consequências drásticas para nosso ministério. Por isso, como missionária, líder, esposa de um homem tranquilo e abençoado, marido fiel, pai presente e líder amado por seus discípulos e mãe de dois filhos, Thaís e Lucas, hoje pastores e missionários apaixonados por Deus, deixo aqui meu conselho a quem está iniciando agora a Missão:

Busquem sempre a Deus em oração, meditem muito em Sua Palavra, pois ela é a nossa bússola espiritual, e cuidem de sua família. Deus suprirá todos os recursos, trará os investidores, fará prosperar seu ministério e selará seu chamado com conquistas!

Ouvir a Deus sempre foi a razão de eu estar viva! E mesmo agora, quando tenho tantas responsabilidades com a obra de Deus em Moçambique e Malawi, com a necessidade de sempre buscar recursos financeiros para nossas escolas e igrejas, com os cuidados que temos que ter com a saúde e as preocupações normais com os filhos, não sei se aguentaria sem a presença do Grande "Eu Sou" comigo!

Ainda choro, quando ouço sua voz, ainda me levanto de madrugada e fico horas em sua presença, derramando meu coração, meus louvores e minhas necessidades! Ainda busco ler a Bíblia, do Gênesis ao Apocalipse, pelo menos uma vez por ano, e meditar nela todos os dias! Ainda jejuo, pelo menos 4 vezes ao ano, por um período de 30 a 40 dias!

E ainda preciso Dele, de Sua presença, como no início de tudo, pois tenho aprendido que, quanto mais perto dEle eu chego, mais carente dEle eu me torno! Que Deus maravilhoso é este, que nunca me deixou nem desamparou, que me fez chegar até aqui com o mesmo coração, quebrantado e submisso!

Ele disse: *"Não te deixarei, nem te desampararei"*. E Ele tem cumprido Sua promessa!

E é para este Deus, o Deus da minha vida, sempre presente, misericordioso, fiel e zeloso, que dedico cada página deste livro, para dar testemunho do quão Grande e Presente Ele é na minha vida.

Obrigado, Meu Pai! Toda Honra, Glória e Louvor te damos, para sempre!

Made in the USA
Columbia, SC
10 May 2022

60187240R00126